疫下旅遊，
是時候締造
不一樣の深度遊歷，
洗滌身心，
呼吸新鮮空氣。

序

出版日本旅遊書是很多年前的心願，去年夏季終於願望成真。

一切來得不容易。以為憑著過去十幾年為親朋好友撰寫行程的經驗，要推出旅遊書沒有難度吧！錯了，今時已經不同往日。在「疫境」下各方面的資訊變化多端，各行各業也掀起結業潮，心痛著不少旅遊設施、老字號倒閉的同時，還要花大量時間去了解景點、交通的最新安排，結果足足花了半年時間，《符さん日‧記：日本東北》才能面世。

我曾多次反問自己，怎麼我的退休生活比退休前勞累得多？自從第一本作品東北篇推出後，我得到前所未有的滿足感就是答案。我真的很喜歡日本旅遊，也愛跟別人分享遊歷，所以縱使感到疲累，還是希望繼續挑戰自己，精彩生命。

藉此衷心感謝來自各方的寶貴意見，我全部都記下來，並會檢討不足之處，力求進步。還要感謝朋友們的支持，一場又一場的簽名會，確實令我受寵若驚，切實感受到最真誠的愛。我也要特別感謝讀者朋友，當你們告訴我帶著我的作品在東北度過了開心的旅程後，我真的很興奮，多謝你們支持我、相信我。最後，當然要多謝「三個寶貝」的給力，不但是我的精神支柱，還在百忙之中抽空聲演我的社交頻道，無比可愛。

繼東北篇後，這一集的關東篇也是艱辛之作，因為關東正正就是首都圈，交通便捷，所以我經常去發掘秘境，造就本集內容比東北篇多了 100 個景點。希望這書能夠讓讀者感受到關東的魅力，計劃精彩旅程，留下美好回憶。

2023 年 1 月

第二集～關東篇

　　新冠疫情的出現，使過去兩年多都無法到日本旅遊。如今日本重新開啟自由行，相信最多航班、最多人想去的地方，應該非東京莫屬，所以今集《符さん日．記》特意安排推出關東篇。

　　關東地區包括東京、神奈川、千葉、埼玉、群馬、栃木及茨城的一都六縣，全是首都圈的範圍，交通網絡完備，即使以東京為住宿據點，也能安排即日往返行程，十分方便。東京及橫濱等這些購物都市相信無人不識，但經歷過疫情封關之後，還是該勵大家購物之餘，珍惜外遊機會多去一些自然風景區，擴闊視野，體驗不同的風土人情，享受多方面的樂趣。

特別提示

- 日本沒有 G/F (地下)，地下即是 1/F (一樓)，本書跟隨日本用法。

- 車站名稱、巴士站名稱及地址等，刻意沿用日文，方便讀者辨識。

- 交通方面特別是巴士的班次及時間經常會更改，因此本書不會列出交通時間表，但有列明有關官方網站，以供讀者查閱最新安排。

- 本書所有景點設施的開放日期、時間、收費及車資等，均為撰書時所得的資訊以供參考，日後或會作出調整。

4

目錄 Contents

東京都
Tokyo

神奈川縣
Kanagawa

千葉縣
Chiba

群馬縣
Gunma

埼玉縣
Saitama

東京都
Tokyo

神奈川縣
Kanagawa

日本海

太平洋

N

栃木縣
Tochigi

茨城縣
Ibaraki

千葉縣
Chiba

標誌涵義

🛇 入場費　　f Facebook　　🍴 餐廳營業時間

📍 地址　　C 休息　　📖 交通　　🐦 Twitter　　🏛 博物館開放時間

📞 電話　　🏠 住宿　　🌐 網址　　🕐 開放時間　　🛍 購物中心營業時間

東京都 Tokyo

作為首都的東京都，不僅是日本的心臟重地，亦是全球知名的大都會，東京有多吸引，真的毋庸置疑。曾經在東京生活的我，在東京逗留的日子絕對比其他縣府多，對東京有著一份家的感情。正因如此，好想帶讀者們看看不一樣的東京都。

東京都五光十色，購物、餐飲、娛樂、觀光景點多的是，當然不能不介紹繁華市區的觀光地，但至愛深度遊的我，最想還是推介這裡的自然風景和郊區的世外桃源。千鳥淵綠道的櫻花、國營昭和紀念公園的黃葉、秋川溪谷的紅葉，以及東京後花園的青梅和奧多摩等，都有強勁的懾人魅力，會使人沉醉在大自然之中，從此改寫對東京都的印象。

交通

① 成田空港 → 東京駅／渋谷駅・新宿駅
（JR 特急 Narita Express，約 60 ／ 80 分鐘，¥3,070 ／ ¥3,250）

② 成田空港 → 日暮里駅／京成上野駅
（京成電鐵 Skyliner，約 36 ／ 41 分鐘，¥2,570）

③ 成田空港 → 京成上野駅
（京成電鐵京成本線（特急），約 80 分鐘，¥1,050）

④ 成田空港 → 新宿地區
（機場巴士，標準需時約 120 分鐘，¥3,200）

⑤ 羽田空港 → 品川駅 → 新宿駅
（京浜急行空港線（快特）・JR 山手線，約 45 分鐘，¥500）

⑥ 羽田空港 → 浜松町駅 → 新宿駅
（東京單軌電車（空港快速）・JR 山手線，約 50 分鐘，¥700）

🌐 東京觀光公式：https://www.gotokyo.org/jp/index.html

新宿區
Shinjuku

① 新宿

提到新宿，應該無人不識。新宿是東京都的旅遊熱點，幾乎初次去東京的遊客都會去新宿，所以酒店特別多，街上從早到晚都人山人海，非常熱鬧。新宿有多座老牌百貨公司，也有 LUMINE、NEWoMan 等購物綜合設施，大多位處車站旁邊，十分便利。除了購物，各式餐飲店亦多不勝數，甚至營業至深夜；廣為人知的歌舞伎町，酒吧及娛樂場所林立，不夜之城絕非浪得虛名。新宿也是重要的交通樞紐，新宿駅南口的高速巴士總站「バスタ新宿」有很多不同的路線，前往其他縣地旅遊都很方便。

🚉 (1) JR 各線・京王線・小田急電鉄・東京地下鉄丸ノ内線・都営新宿線・大江戸線 → 新宿駅。
(2) 西武新宿線 → 西武新宿駅。
(3) 都営大江戸線 → 新宿西口駅。
(4) 東京地下鉄丸ノ内線・副都心線・都営新宿線 → 新宿三丁目駅。
🌐 https://www.kanko-shinjuku.jp/

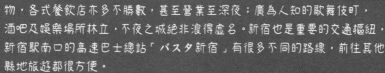

② 新宿御苑

~ 舒適的賞櫻名所

新宿御苑原是江戶時代德川家康的家臣內藤家的宅邸,直到1906年被改為皇室御用的庭園,其後再於1949年列為國家公園對外開放。園內佔地約58公頃,有日式庭園、西式庭園、遼闊草坪及大溫室等,景色鬱鬱蔥蔥,令人忘卻都市的煩囂,享受自然的氣息。新宿御苑亦是著名的賞花勝地,花卉四時有序,春天約1,000棵綻放的櫻花特別有名氣,而秋天的菊花和紅葉也相當美麗。

在佔地廣闊的新宿御苑賞櫻,感覺特別舒適和喜悅。

夏天深綠的池畔景致,讓人心曠神怡。

大溫室內種植了500種包括稀有品種的植物,值得一看。

📍 東京都新宿区内藤町11
📞 +81-3-3350-0151 (新宿御苑服務中心)
🕐 9:00-16:30;
3月15日至9月30日9:00-18:00 (7月1日至8月20日19:00止)
🅲 星期一 (公眾假期則順延至翌日) 及12月29日至1月3日
(※3月25日至4月24日及11月1日至15日期間無休息)
💲 成人 ¥500、65歲以上 ¥250,中學生以下免費
🌐 https://fng.or.jp/shinjuku/
📖 (1) JR・京王・小田急線「新宿」駅 (南口) 徒步10分鐘。
(2) 東京地下鉄丸ノ内線「新宿御苑前」駅 (1號出口) 徒步5分鐘。
(3) 都營新宿線「新宿三丁目」駅 (C1・C5出口) 徒步5分鐘。
(4) 東京地下鉄副都心線「新宿三丁目」駅 (E5出口) 徒步5分鐘。

新宿御苑擁有無敵大草坪。

渋谷區

Shibuya

1 渋谷

渋谷是東京都極具象徵性的地區。這裡匯集了眾多引領日本時尚潮流的百貨公司，也有別具風格的購物中心，還有各式個性獨特的店舖林立，可謂是都內最大規模的購物娛樂區。渋谷是年青人最愛流連之聖地，是東京流行文化的舞台，渋谷駅前長年擠擁的十字路口甚至受到世界各地的關注，便知道渋谷的活力，真的無可匹敵。

🚉 JR 山手線・京王井の頭線・東急東横線・東急田園都市線・東京地下鉄銀座線・半蔵門線・副都心線 → 渋谷駅。

🌐 http://play-shibuya.com/

長年熙來攘往的竹下通。

② 原宿（Harajuku）

同樣屬於渋谷區的原宿，位置在新宿與渋谷之間。原宿最廣為人知的竹下通、裏原宿及表參道等，也是年輕人喜愛的潮流文化聖地。全長約 350 米的竹下通，除了有一座樓高 4 層的 ¥100 店之外，亦有很多平價特色店舖，因此吸引了許多外國遊客，非常熱鬧。裏原宿有許多潮流名店，也有不少古着店舖；表參道則有較多高價服飾店及高級精品店。

表參道 Hills 是表參道的地標。

穿過竹下通便到達裏原宿。

📍 地址：東京都渋谷区神宮前 1～4 丁目
🚇 (1) 竹下通：JR 山手線「原宿」駅（竹下口）。
　　(2) 表參道 Hills：東京地下鉄銀座線・千代田線・半蔵門線「表參道」駅（A2 出口）。
🌐 竹下通：https://www.takeshita-street.com/
　　表參道 Hills：https://www.omotesandohills.com/

13

③ 明治神宮

於 1920年為祭奉明治天皇及昭憲皇太后而修建的明治神宮，面積約70萬平方米，被10萬棵茂密的樹木包圍著，是東京市中心的綠洲，置身其中完全忘卻都市的喧囂。在御社殿南側的御苑內，清正井及菖蒲田等看點很多。據説明治神宮在每年新年的參拜者是日本之首，首三天人數多達300萬人，非常誇張。

📍 東京都渋谷区代々木神園町1-1
📞 +81-3-3379-5511
🕐 日出至日落（請瀏覽網站）
🅲 年中無休
🆓 免費（御苑 ¥500）
🌐 https://www.meijijingu.or.jp/
🚃 (1) JR山手線「原宿」駅（西出口）徒步1分鐘。
　　(2) 東京地下鉄千代田線・副都心線「明治神宮」駅（1號・2號出口）徒步1分鐘。

符さん助您安排行程：

遊 覽原宿與渋谷，我習慣由JR原宿駅出發，徒步漫遊竹下通、裏原宿、表參道、渋谷，最後由JR渋谷駅離開。由平價到高價，什麼商品都有。逛累了，四處都有美食店，休息一會，又再血拼。

池袋駅 西口
Ikebukuro Station West

豐島區

① 池袋（Ikebukuro）

除了新宿和渋谷之外，池袋也是很受歡迎的消閒購物區，因為池袋的消費比較便宜，交通亦非常便利。連結車站的東武及西武百貨、車站旁的PARCO、各大型電器商店、Sunshine 60 通等，都是人潮聚集的地方。作為池袋地標的 Sunshine City，匯集了各式商店、水族館、展望台、室內主題樂園和餐廳等，一座商業設施可以享受多種樂趣。此外，池袋也是繼秋葉原後，有許多動漫和漫畫的店舖。

🚃 JR 山手線・湘南新宿ライン・埼京線・西武池袋線・東武東上線・東京地下鉄丸ノ内線・有楽町線・副都心線 → 池袋駅。

🌐 http://www.kanko-toshima.jp/index.html

15

② 巢鴨 (Sugamo)

與池袋相距只有兩個 JR 車站的巢鴨，是一個寧靜樸素的舊區，由於年長人士都喜歡來這裡逛街購物，所以巢鴨有「婆婆原宿」之稱。雖然巢鴨是長者們的社區，但前來地藏通商店街大吃巢鴨名物、選購「幸運紅底」、走進高岩寺祈福、漫步歷史庭園、享受治癒的天然溫泉、品嘗美味與人情味兼備的炭火串燒等，是不分年紀都能感受到的滿足。作為街坊的我，誠意向讀者推介巢鴨的特色。

🚉 JR 山手線・都營地下鐵三田線 → 巢鴨駅。

巢鴨地藏通商店街

地藏通商店街是巢鴨的地標，是具有歷史的街道。據說這裡從江戶時代中期開始已經繁榮起來，自1891年高岩寺遷移至此後，作為信仰之地更廣為人知。商店街全長約800米，兩旁約有200間商店，售賣傳統工藝品、特產、特色小食及雜貨等，價格比較便宜，年長顧客特別多。另外，每月的4號、14號及24號定為「緣日」，街道上會有數十檔攤販一字排開，有著日本老街的氛圍，別具風味。

📍 東京都豐島区巢鴨3丁目～4丁目

🌐 http://sugamo.or.jp/

🚉 (1) JR山手線「巢鴨」駅（正面口）徒步5分鐘。
   (2) 都營地下鉄三田線「巢鴨」駅（A3出口）徒步2分鐘。
   (3) 都電荒川線「庚申塚」駅徒步2分鐘。

外鹹內甜的鹽大福是巢鴨名物，很受歡迎。

必食 炸物

這間「ときわ食堂」是人氣食店，以炸物自豪，有炸蠔、炸蝦、炸魚等。

巢鴨另一名物——
「Maruji」紅色內褲
專賣店，店內也銷售
其他紅色衣物，因為
紅色招來好運，所以
生意長做長有。

這間「OS」是巢鴨最平的藥妝店。

經過巢鴨郵便局，別忘記跟可愛的「巢鴨郵筒」拍照啊！

在商店街上還可以見到超大型的「毛毛鴨Pat Pat」。

高岩寺

位於商店街中央的高岩寺,始創於1596年,於1891年遷移至巢鴨,現存的高岩寺是在1957年興建。寺內供奉的「とげぬき地藏尊」為延命地藏菩薩,流傳著一段武士之妻重病痊癒的傳說,所以有許多長者前來拜訪,以水沖洗本堂前的觀音,祈求消除病痛。

📍 東京都豐島区巢鴨3丁目35-2
📞 +81-3-3917-8221
🕐 24小時(本堂 6:00-17:00;每月4・14・24日 20:00止)
📅 年中無休
💲 免費
🌐 https://sugamo.or.jp/prayer/koganji/

巢鴨庚申堂(猿田彥大神)

建於1657年的巢鴨庚申塚,在江戶時代是中山道上繁華的休息站,民間信仰之地。現在的庚申堂供奉著猿田彥大神,是日本神話中的「路神」和「旅神」。

📍 東京都豐島区巢鴨4丁目35-1
🕐 24小時
📅 年中無休
💲 免費
🌐 http://www.sugamokoushin.com/
🚃 都電荒川線「庚申塚」駅下車即到達。

19

③ 東京染井溫泉 Sakura

東京染井溫泉 Sakura 是深受女性歡迎的溫泉設施，據說女性顧客佔約 7 成。這裡的泉水是無色透明的天然溫泉，從地下 1,800 米湧出，礦物質含量高，泉水在池中滿溢時會變成琥珀色，以保濕功效和皮膚光滑見稱。館內有室內浴場、露天風呂、岩盤浴、桑拿、餐廳等。餐廳的料理菜式豐富美味，特別受女士追捧。

- 📍 東京都豐島区駒込 5-4-24
- 📞 +81-3-5907-5566
- 🕙 10:00-23:00
- ⚪ 不定休
- 💴 成人 ¥1,320，小學生（3 歲以上）¥770
- 🌐 http://www.sakura-2005.com/
- 🚃 (1) JR 山手線「巢鴨」駅（北口）徒步 8 分鐘。
  (2) 都營地下鉄三田線「巢鴨」駅（A4 出口）徒步 6 分鐘。
  ※ 巢鴨駅（南口）附近有免費巴士運行，詳情請瀏覽網站。

符さん有感：

作為「溫泉控」的我，在家附近就有這樣高質的溫泉設施，真感幸福。通常在鬱悶的下雨天，不想在街上走動，也不想躲在家中，我就會來泡泡湯，令心情逆轉。在這裡有著我在東京生活的點滴，不重要，卻深刻。

④ 六義園

~ 國家指定特別名勝

川越藩主柳澤吉保奉第五代將軍德川綱吉之命，於 1695 年創建六義園，歷時七年時間才竣工，是江戶時期具代表性的日式庭園。園內有杜鵑、櫻花、繡球花和紅葉等點綴四季。櫻花和紅葉盛開之時，晚上還會亮燈，令景致更加迷人。

- 📍 東京都文京区本駒込 6 丁目 16－3
- 📞 +81-3-3941-2222
- 🕙 9:00-17:00
- ⚪ 12 月 29 日至 1 月 1 日
- 💴 成人 ¥300，65 歲以上 ¥150，小學生以下免費
- 🌐 https://www.tokyo-park.or.jp/park/format/index031.html
- 🚃 JR 山手線「駒込」駅（南口）徒步 7 分鐘／「巢鴨」駅（南口）徒步 15 分鐘。

5 虎 ~炭火串燒專門店

符さん最愛の飯堂

於2008年開業的「虎」，是一間炭火串燒專門店，也有提供一品料理。店鋪位處車站附近的飲食街，是只能容納25人的小店，但能提供優質的服務和味道。「虎」由日本人河田健和太太韓國人河田智子一同經營，老闆主理菜式，老闆娘負責招待顧客。這裡的串燒十分美味，老闆每星期炮製的創作料理也很有心思和水準，所以來了一次又一次，成為我至愛的飯堂。

串燒不需要特別推薦那一款，因為全部都很美味。

「虎」在每星期都推出不同的創作料理，餐單會上載至 Facebook。

📍 東京都豐島区巢鴨2-9-26 1F
📞 +81-3-3916-3923
🕐 17:00-21:00
🅲 星期日（有臨時休息）
🌐 https://www.facebook.com/tora.yakitori
🚃 JR山手線・都營地下鉄三田線「巢鴨」駅徒步3分鐘。

符さん有感：

幾年前入住了南大塚之後，便到附近的巢鴨尋找美食，去過很多店鋪，只有「虎」能夠留住我的心。每次來到「虎」點了串燒後，再請老闆娘隨心推薦一款菜式，必定有驚喜，從未失望過。後來出現了新冠疫情，我不敢外食，有一段很長的時間沒再去「虎」。疫前座無虛席，疫下人流凋零，這首「悲歌」都成為了許多餐飲店的主題曲。有一天經過「虎」，不忍心下入內支持他們，還定了逢星期五都去「虎」一趟，支援一番，希望他們捱得過這場「疫境」。其實他們不知道我的名字，只稱呼我做「星期五的客人」。

這個包含了友愛和祝福的咖哩飯，餐單是沒有的，是老闆在我考試前夕贈我的好運咖哩飯，窩心到不得了。

「虎」有著無法抗拒的美味和人情味。

符さん助您安排行程：

池袋與巢鴨都是JR山手線沿線車站，可以同日遊覽。另外，乘搭都電荒川線在庚申塚駅下車，可從街尾開始遊覽巢鴨地藏通商店街。有關都電荒川線沿線的其他景點，後頁便有介紹。

河田伉儷親切友善，是超級大好人呢！

都電荒川線

都電荒川線是東京都碩果僅存的路面電車路線，由荒川區的「三ノ輪橋」至新宿區的「早稻田」之間一共行駛 30 個車站。荒川線沿線散落不少歷史、文化的名勝，並有「東京櫻花電車」的別稱，乘坐懷舊色彩的電車探究沿線特色景點和追櫻，實在很有樂趣，所以誠意推介其中一段（王子駅前～早稻田）較多看點的路線。

💰 單程收費：成人 ¥170，小童 ¥90　　一日乘車券：成人 ¥400，小童 ¥200（在車上購買）

🌐 https://www.kotsu.metro.tokyo.jp/toden/

接駁都電荒川線的交通

🚉 王子駅前駅：JR 京浜東北線王子駅・東京地下鉄南北線王子駅
大塚駅前駅：JR 山手線大塚駅
東池袋四丁目駅：東京地下鉄有樂町線東池袋駅
鬼子母神前駅：東京地下鉄副都心線雜司が谷駅

1 飛鳥山駅・王子駅前

～飛鳥山公園

飛鳥山公園與上野公園等一同於1873年被指定為日本最早的五所公園之一，是都內著名的賞花名所。早於江戶時代中期，第八代將軍德川吉宗在此栽種了許多櫻花樹，至今仍有600棵櫻花在每年春季遍佈天空。園內還有杜鵑花、繡球花等多種花卉，七彩繽紛的鮮花讓人賞心悅目。大人賞花，小朋友也不愁寂寞，園內備有不少兒童遊樂設施，也有三所不同主題的博物館。此外，還有兩座國家重要文化財產的建築物，是實業家澀沢榮一故居的茶室和文庫。

📍 東京都北区王子1丁目1-3
📞 +81-3-3908-9275
🕐 24 小時
🅲 年中無休
💲 免費
🌐 https://www.city.kita.tokyo.jp/index.html

飛鳥山公園名副其實是賞花名所，千萬不能錯過。

在鐵路路軌旁邊的「飛鳥之小徑」，3月下旬綻放的櫻花和6月中旬盛開的繡球花各有各精彩。

園內有各式遊樂設施，更有懷舊電車和蒸汽火車。

北區飛鳥山博物館

展覽北區的考古、歷史、民俗等資料，也可欣賞北區藝術家的手工藝作品。

- 🕐 10:00-17:00
- 📅 星期一（公眾假期則順延至翌日）及年末年始
- 💰 成人 ¥300，65 歲以上 ¥150，小／中學生 ¥100
- 🌐 https://www.city.kita.tokyo.jp/hakubutsukan/

紙之博物館

館內是介紹造紙的歷史和進程。前身是日本第一間造紙廠「舊王子製紙」的資料館，於 1998 年遷到飛鳥山公園。

- 🕐 10:00-17:00
- 📅 星期一（公眾假期則順延至翌日）及年末年始
- 💰 成人 ¥400，小／中學生 ¥200
- 🌐 http://www.papermuseum.jp/

② 庚申塚駅

～ 巢鴨地藏通商店街

商店街附近的巢鴨櫻花街。

前 頁已介紹過巢鴨地藏通商店街的特色。如果乘坐都電荒川線來巢鴨，在庚申塚駅下車後，是先到達巢鴨庚申塚（猿田彥大神），然後從商店街街尾開始遊覽。

王子駅前 熊野前 三ノ輪橋 方面
for Oji-ekimae Kumanomae Minowabashi

庚申塚

8505

③ 鬼子母神前駅

～鬼子母神堂

創立於1664年的鬼子母神堂，是建在佛教日蓮宗法明寺的境內，被指定為國家重要文化財產。鬼子母神是孕婦和小孩的守護神，長年吸引信眾前來參拜安產和育兒健康，也有為了祈求家庭平安、除厄開運及學業成就而造訪。

📍 東京都豐島区雑司ヶ谷 3-15-20
📞 +81-3-3982-8347
🕐 9:00-17:00
🅒 年中無休
💲 免費
🌐 https://www.kishimojin.jp/

前往鬼子母神堂的參道兩旁排列著 400 年樹齡的欅樹，秋天楓紅景致美不勝收，是東京都指定的天然紀念物。

鬼子母神堂深得當地人信奉。

境內的「上川口屋」，創業於 1781 年，據說是東京最古老的糖果店，售賣的懷舊糖果零食很受歡迎，經常有電視台及雜誌社前來採訪。

4 面影橋駅・早稲田駅

～神田川面影橋櫻花隧道

在櫻花季節乘坐都電荒川線前往早稲田方向，在鬼子母神前駅下一站開始，請不要低頭看手機，好好欣賞窗外精彩絕倫的櫻花街景。沿著神田川兩旁的面影橋至仲之橋一帶的櫻花隧道，美得可媲美目黑川，感動人心。建議先在車上欣賞櫻花，然後於終點站早稲田下車，再回頭漫步賞櫻，多角度記下每一處的美景。

仲之橋上聚集了許多賞花攝影家。

符さん助您安排行程：

都電荒川線班次頻密，約每隔10分鐘一班次，所以行程安排上可以很彈性。以上的景點都是在下車後徒步兩、三分鐘便到達，十分方便。

目黑區

① 中目黑（Nagameguro）

鄰近渋谷和代官山的中目黑，沿著目黑川兩旁佈滿個性獨特的 Cafe、餐廳、服裝、潮流室內裝飾等小店。於 2016 年開發的「中目黑高架下」，更善用鐵路高架橋下的空間，打造長達 700 米的全新面貌，以超現代的書店、酒吧及各式商店吸引了許多造訪客，長年人流不斷。不過每年一到 3 月下旬，焦點還是落在目黑川的櫻花之上。

📍 東京都目黑区上目黑

🌐 中目黑駅前商店街：https://www.nakamegu.com/

中目黑高架下：https://nakame-koukashita.tokyo/

🚃 東急東橫線・東京地下鉄日比谷線 → 中目黑駅。

② 目黑川櫻花

超大人氣賞櫻名所

從大橋到下目黑綿延約 4 公里的目黑川兩旁，種植了 800 棵染井吉野等櫻花樹，每年約 3 月下旬至 4 月上旬，沿河的一排櫻花爭相怒放，形成極致迷人的粉紅色隧道，尤其是樹木亮起彩燈的晚空，賞櫻客總是人山人海，人與花同樣壯觀。目黑川的櫻花名氣十分強勁，不僅是東京都內、甚至是全國名列前茅的櫻花名所。

📍 東京都目黑区大橋〜下目黑
🚉 (1) 東急東橫線・東京地下鉄日比谷線「中目黑」駅徒步 2 分鐘。
　　(2) JR 山手線「目黑」駅徒步 10 分鐘。

③ 自由が丘 (Jiyugaoka)

鄰近中目黑的自由が丘，是一個充滿歐陸風情的時尚住宅區，分佈著精緻的咖啡店、麵包店、精品店和室內裝飾店等，當中以甜點店舖最受歡迎，成為甜點愛好者的聖地。自由が丘的主要店舖都是散落在從車站可步行到達之地，可以花三幾小時散步購物，品嘗一客下午茶，享受悠閒輕鬆的時光。

📍 東京都目黑区自由が丘
🌐 https://www.jiyugaoka-abc.com/
🚉 東急東橫線・東京地下鉄日比谷線 → 自由が丘駅。

符さん助您安排行程：

由「渋谷」乘搭東急東橫線往「中目黑」，只須 3 分鐘，車費 ¥130；由「中目黑」乘搭東急東橫線往「自由が丘」，只須 8 分鐘，車費 ¥160。

港區·江東區

1 台場（Odaiba）

台場是東京灣內的一座人工島，於90年代被重新打造成東京未來都市的重地，吸引了不少大企業進駐，開設辦公室，也建設了許多大型商場、娛樂設施、科學館和展覽場館等，發展成深受歡迎的購物消閒好去處。台場海濱公園是多齣經典日劇的取景地，令人感受到浪漫氣息，至今仍是情侶拍拖勝地。公園的自由神像和橫跨東京灣的彩虹橋是台場的標誌，旅客定必打卡的熱點。

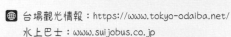

🌐 台場觀光情報：https://www.tokyo-odaiba.net/
水上巴士：www.suijobus.co.jp

🚈 (1) JR 山手線・東京地下鉄銀座線・都營淺
草線 → 新橋駅下車轉乘「百合海鷗號」。
(2) 東京地下鉄有樂町線 → 豐洲駅下車轉乘
「百合海鷗號」。
(3) 由淺草乘坐水上巴士 → 台場（約55分
鐘，¥1,720）。

百合海鷗號（ゆりかもめ）

百合海鷗號是無人駕駛的小型列車，行駛「新橋」駅至「豐州」駅之間共 16 個車站，可到達台場各景點和豐洲市場，單程車費由 ¥190 至 ¥390 不等，如打算多次乘搭，可在各車站的自動售票機購買一日乘車券，成人 ¥820、小童（6 至 12 歲）¥410。

🌐 www.yurikamome.co.jp

台場海濱公園

舉行 2020 東京奧運時，在海濱公園的前方設置了奧運標誌，記錄了歷史的時刻。

台場海濱公園擁有全長 800 米的人工沙灘，公園位於面對彩虹橋的絕佳位置，是散步吹風賞景的休閒地點，尤其被夕陽染紅的海濱景致十分浪漫，晚上亮燈的彩虹橋夜景也相當迷人。公園內有一座 12.5 米高的自由女神像，是紀念「日本的法國年」的青銅複製品。

📍 東京都港区台場 1－4
🕐 24 小時
🌐 https://www.tptc.co.jp/park/01_02
🚃 百合海鷗號「お台場海浜公園」駅下車後徒步 3 分鐘。

自由女神像和彩虹橋是台場最具代表性的景點，無論日間或夜間都聚集了許多打卡的人。

DECKS Tokyo Beach

DECKS分為 Sea Side Mall 及 Island Mall，除了有各式商店、餐飲店之外，亦擁有很多娛樂設施，包括：LEGOLAND、JOYPOLIS 電動遊樂園、東京幻視藝術館等等。DECKS 位置就在海濱公園後方，景觀一流，從甲板上可以看到彩虹橋、東京鐵塔和晴空塔，所以甲板上的餐廳特別受歡迎。

- 📍 東京都港区台場1丁目6-1
- 📞 +81-3-3599-6500
- 🕙 11:00-20:00(星期六、日及假期至 21:00)；餐廳 11:00-23:00
- C 各店不定休（請瀏覽網站）
- 🌐 https://www.odaiba-decks.com/
- 🚉 百合海鷗號「お台場海浜公園」駅下車後徒步 2 分鐘。

位於 Sea Side Mall 4 樓的台場一丁目商店街，充滿昭和年代的氣氛，售賣懷舊零食、雜貨及服飾等，而一些古老遊戲機亦別具趣味，讓人重拾童趣。

能欣賞東京灣與彩虹橋的餐廳特別旺場，尤其在日落黃昏時最熱鬧。

LEGOLAND DISCOVERY CENTER

於 2012 年開幕的 LEGOLAND，是一個使用超過 300 萬塊 LEGO 的室內樂園，包括有 4D 電影院、東京都著名的立體模型展覽、兒童遊樂設施等，讓小朋友及 LEGO 迷都可沉醉在 LEGO 的世界中，盡情玩樂。

走在戶外的甲板上，也有 LEGO 的打卡點。

- 📍 DECKS Tokyo Beach Island Mall 3F
- 📞 +81-800-100-5346
- 🕐 10:00-18:00
- 📅 年中無休
- 💰 3 歲以上 ¥2,800（網上預售最低價 ¥2,250）；2 歲以下免費
- 🌐 https://www.legolanddiscoverycenter.com/tokyo/

東京幻視藝術館
（東京トリックアート迷宮館）

幻 視藝術館是一個能夠體驗錯覺美術的不可思議的世界。館內設有不同場景的藝術畫作，只要找對了特定的角度，擺出各種自創的姿勢，便能拍下一張一張有趣的錯覺藝術照片，玩味十足。

- 📍 DECKS Tokyo Beach Sea Side Mall 4F
- 📞 +81-3-3599-5191
- 🕐 11:00-21:00
- 📅 不定休
- 💰 成人 ¥1,000，小童（4 歲至中學生）¥700
- 🌐 https://www.trickart.info/

JOYPOLIS

J OYPOLIS 是 SEGA 的虛擬實境電玩遊戲及機動遊戲的主題樂園，全室內設施佔地三層，總面積近一萬平方米。各種遊戲刺激好玩，無論是小朋友或成人

都能玩個痛快，深受歡迎。除了入場費用，各項設施另需付費，也設有無限任玩全日票及夜間票。

- 📍 DECKS Tokyo Beach Sea Side Mall 3F～5F
- 📞 +81-3-5500-1801
- 🕐 11:00-21:00
- 📅 不定休
- 💰 成人 ¥800，小／中學生 ¥500；全日 Pass 成人 ¥4,500，小／中學生 ¥3,500；Night Pass（16:00 後入場）成人 ¥3,500，小／中學生 ¥2,500
- 🌐 http://tokyo-joypolis.com/

AQUA CITY

在 DECKS 旁邊的 AQUA CITY，也是一個位置優越的大型綜合購物商場，擁有約 80 間店舖，從高級時尚精品到休閒服飾等，商品琳瑯滿目。商場的 5 樓至 6 樓有日式、西式、中式、意式等餐廳，是臨海最大的美食區，由於更接近自由女神像，所以景觀很好，可以一邊用餐一邊欣賞彩虹橋的醉人夜景，極致享受。

📍 東京都港区台場 1 丁目 7 − 1
📞 +81-3-3599-4700
🕐 11:00-21:00；餐廳 11:00-23:00
🅲 各店不定休（請瀏覽網站）
🌐 https://www.aquacity.jp/
📖 百合海鷗號「台場」駅下車後徒步 1 分鐘。

位於 5 樓的「東京拉麵國技館」，雲集了來自全國各地的著名拉麵店，各店除了提供招牌拉麵外，也推出了台場限定拉麵。

AQUA CITY 外有不少打卡佈置。

富士電視台

位 於台場的富士電視台總部，是由日本著名建築師丹下健三所設計，建築物上有一個球體，外觀獨特，令人印象深刻。展示室可免費入內參觀，可了解電視台的製作，很有趣味；而專賣店則有不少熱門日劇和電視節目的紀念品出售，令人眼花繚亂。位於 25 樓的球體展示室是收費區域，可以瞭望彩虹橋的東京灣景色。

📍 東京都港区台場 2 丁目 4 − 8
📞 +81-3-5531-1111
🕐 10:00-18:00
🅲 星期一
　（公眾假期則順延至翌日）
💲 球體展望室 成人 ¥700，
　小／中學生 ¥450
🌐 https://www.fujitv.co.jp/
　gotofujitv/
📖 百合海鷗號「台場」駅（南口）
　徒步 3 分鐘。

Diver City Tokyo Plaza

Diver City是台場現時最大型的綜合商場，匯集了150多間店舖，包括本地和國際知名品牌的商店，還有美食廣場和餐廳，也有娛樂連鎖店Round 1及便便博物館等，總之規模龐大，十分好逛又好玩。不過Diver City的最大亮點，還是落在戶外的1:1高達立像，氣勢非凡，朝聖者眾，人氣歷久不敗。

📍 東京都江東区青海1丁目1－10

📞 +81-570-012780

🕐 11:00-20:00（星期六、日及假期10:00-21:00）；美食廣場11:00-21:00（星期六、日及假期10:00-22:00）；餐廳11:00-22:00

🅒 各店有異

🌐 https://mitsui-shopping-park.com/divercity-tokyo/

📖 (1) 百合海鷗號「台場」駅徒步5分鐘。
(2) 臨海線「東京テレポート」駅（B出口）徒步3分鐘。

聳立在商場外的高達立像，高度19.7米，極具氣勢。

高達的背部，同樣好吸引。

還有Gundam Café，真的不容錯過。

立像旁邊的高達紀念品專門店，有不少是限定商品。

位於6樓的Round 1，也可玩得很開心。

35

② 豐洲市場 ～世界一の市場

作為替代築地市場而興建的豐洲市場，已於 2018 年 10 月開幕，其面積超過築地市場兩倍有多，是目前世界規模最大的海產、蔬果等批發市場。豐洲市場分為多個部分，有「管理設施棟」、交易水果和蔬菜的「青果棟」、交易吞拿魚等水產品的「水產卸賣場棟」及當地魚販和壽司店購買海鮮的「水產仲卸賣場棟」。這些地方設有免費讓公眾參觀的路線，無須預約，很受歡迎；而參觀吞拿魚競投就更加精彩，但需要事前網上申請參與抽籤。這裡也進駐了約 40 間曾在築地市場經營的人氣食店，分佈在「水產仲卸賣場棟」3 樓、「管理設施棟」3 樓及「青果棟」1 樓，長年都吸引許多食客，排隊輪候者眾多。

「水產仲卸賣場棟」4 樓的「魚河岸橫丁」，集結了 70 間店舖，售賣海產乾貨、漬物、味噌、茶葉、日本酒、調味料、廚房用具等商品。

「水產仲卸賣場棟」3 樓共有 22 間食店，當中的「壽司大」人氣最旺盛。

市場善用戶外用地，經常舉辦不同性質的活動，凝聚了熱鬧的豐洲氣氛。

- 📍 東京都江東區豐洲 6-6-1
- 📞 +81-3-3520-8211
- 🕐 5:00-17:00
- 🅲 基本上逢星期三、星期日及假期休息（請務必瀏覽網站）
- 🌐 https://www.shijou.metro.tokyo.lg.jp/
- 🚉 百合海鷗號「市場前」駅（北口）徒步 4 分鐘。

符さん提提您：

雖然網站列明營業時間由早上 5 時至下午 5 時，但多數商店及食店只營業到中午或至下午 2 時，建議盡早前往。

③ LaLaport TOYOSU （ららぽーと豐洲）

於 2006 年開業的 LaLaport TOYOSU，是東京灣沿岸的大型購物中心，位置就在豐洲駅旁邊，交通十分方便。現時約有 214 間店舖匯集於此，包括本地休閒時尚服飾到國際品牌的商品、美食廣場和餐廳、兒童工作體驗設施等，是盡情購物及放鬆的好地方。如打算前往豐洲市場，可順道來此一遊閒逛購物。

- 📍 東京都江東區豐洲 2-4-9
- 📞 +81-570-077-732
- 🕐 10:00-21:00；美食廣場 11:00-21:00；餐廳 11:00-23:00
- 🅲 各店有異
- 🌐 https://mitsui-shopping-park.com/lalaport/toyosu/
- 🚉 (1) 百合海鷗號「豐洲」駅下車即到達。
  (2) 東京地下鉄有樂町線「豐洲」駅（2b 出口）直達。

4 東京鐵塔

～ 東京的標誌性建築

位於港區芝公園的東京鐵塔，於 1958 年落成，高度為 333 米，是一座綜合電波塔。鐵塔上有兩個展望台，分別是 150 米高的大展望台及 250 米高的特別展望台，可以 360 度一覽東京市街的景觀。在 FOOT TOWN 內還有很多特色商品的紀念品店和美食店，選擇豐富。東京鐵塔在晚上會亮上美麗的燈光，而且每月都有指定的顏色，夜景璀璨迷人。雖然晴空塔落成後，東京鐵塔好像流失了名氣，但其實它仍受到許多人喜愛，是東京具代表性的攝影熱點。

- 📍 東京都港區芝公園 4 丁目 2 - 8
- 📞 +81-3-3433-5111
- 🕐 大展望台 9:00-22:30；特別展望台 9:00-22:15
- 🅲 年中無休
- 💲 大展望台：成人 ¥1,200，小 / 中學生 ¥700，幼兒 (4 歲以上) ¥500
  大展望台＋特別展望台：成人 ¥3,000，小 / 中學生 ¥2,000，幼兒 (4 歲以上) ¥1,400 (※ 事前網上預約可獲 ¥200 折扣)
- 🌐 https://www.tokyotower.co.jp/
- 📖 (1) 東京地下鐵大江戶線「赤羽橋」駅 (赤羽橋口) 徒步 5 分鐘。
  (2) 東京地下鐵日比谷線「神谷町」駅 (1 號出口) 徒步 7 分鐘。

展望台寬敞舒適，四面都是大玻璃窗，可悠閒繞圈欣賞風景。

從展望台可以看到腳下的增上寺和前方台場的彩虹橋。

從鐵塔內的郵筒寄出信件或明信片，會蓋上從增上寺境內所能看見的東京鐵塔的郵戳，很有紀念價值。紀念品店內有明信片出售，給朋友一個驚喜吧！

符さん助您安排行程：

台場的景點和豐洲市場都是乘搭「百合海鷗號」，同日遊覽最好不過。

中央區

1 銀座（Ginza）

銀座 8丁目 GINZA ST.

中央區最知名莫過於國際名店林立的銀座購物商業區。銀座的名稱源自江戶時代初期，因為銀幣鑄造所遷至此地而得名。銀座既有傳承了日本傳統表演藝術的歌舞伎座，也有展示前衛藝術作品的畫廊，但令人印象最深刻的還是高級商店街的形象。銀座的百貨公司當中，除了老字號的和光、三越之外，亦有相繼落成了 GINZA SIX、Ginza Place、東急 Plaza Ginza 等傳遞尖端時尚和文化的大型購物設施，為銀座帶來了嶄新的面貌。

📍 東京都中央区銀座一丁目～銀座八丁目
🌐 https://www.ginza.jp/ja/
🚇 (1) 東京地下鉄銀座線・丸ノ内線・日比谷線
→銀座駅。
(2) 東京地下鉄有楽町線→銀座一丁目駅。
(3) JR京浜東北線・山手線→有楽町駅（銀座口）徒步約5分鐘。

2 警察博物館

～體驗設施豐富

於銀座一丁目車站附近有一座外觀吸引的警察博物館，是免費入場的設施。在樓高6層的博物館內，除了介紹警視廳的歷史和資料外，也有電單車和直升機等展品，而且體驗設施也很豐富，好像是兒童遊樂園一樣，小朋友玩得很開心。大人在銀座瘋狂購物之同時，如果能照顧同行小朋友的感受，帶他們去玩樂一番，相信家庭生活會更加愉快。

📍 東京都中央区京橋 3-5-1
📞 +81-3-3581-4321（警視廳代表）
🕐 9:30-16:00
🅲 星期一（公眾假期則順延至翌日）
　 及 12 月 28 日至 1 月 4 日
💰 免費
🌐 http://www.keishicho.metro.tokyo.
　 jp/about_mpd/welcome/welcome/
　 museum_tour.html
🚇 東京地下鉄有樂町線「銀座一丁目」
　 駅（7 號出口）徒步 4 分鐘。

③ 築地場外市場

～人氣依舊

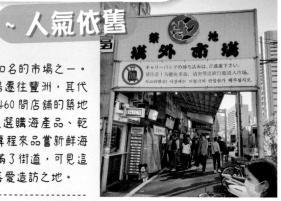

於1935年開業的築地魚市場，被譽為「東京的廚房」，亦曾經是世界上最大、最知名的市場之一。直到2018年10月，築地場內市場遷往豐洲，其代表性便相應減低。然而，擁有約460間店鋪的築地場外市場仍然一樣熱鬧，無論是選購海產品、乾貨、雜貨、餐具和紀念品，又或專程來品嘗新鮮海鮮丼、壽司或玉子燒的人群都擠滿了街道，可見這裡人氣依舊，還是本地人和遊客喜愛造訪之地。

📍 東京都中央区築地4丁目10－16
📞 +81-3-6264-1925（築地場外市場綜合案內所）
🕐 一般 9:00-14:00（各店有異）
🅲 各店有異
🌐 https://www.tsukiji.or.jp/
🚉 (1) 地下鉄都営大江戸線「築地市場」駅（A1出口）徒步1分鐘。
　　(2) 地下鉄日比谷線「築地」駅（1・2號出口）徒步1分鐘。

4 浜離宮恩賜庭園

～特別名勝・特別史蹟

在築地市場附近的浜離宮恩賜庭園，始建於江戶時代，一直是歷代將軍喜愛的日式庭園，第11代將軍德川家齊時代曾作出修建，至今庭園仍保存著當年的風格，被國家指定為特別名勝及特別史蹟。在庭園中央的「潮入之池」是引入東京灣的海水，是都內江戶庭園中擁有唯一的海水池，非常獨特。園內種植了梅花、油菜花、櫻花、紫藤和波斯菊等時令花卉，秋季亦可欣賞艷麗紅楓。在繁華的大都會中，富歷史感的庭園與高樓建築形成了新舊對比，別有一番風味。

📍 東京都中央区浜離宮庭園1－1
📞 +81-3-3541-0200
🕐 9:00-17:00
📅 12月29日至1月1日
💰 成人 ¥300，65歲以上 ¥150，小學生以下免費
🌐 https://www.tokyo-park.or.jp/park/format/index028.html
🚃 (1) 地下鉄都營大江戶線「汐留」駅 (10號出口) 徒步5分鐘。
(2) JR・東京地下鉄銀座線・都營浅草線「新橋」駅 (G08・A10出口) 徒步12分鐘。

這棵被稱為「300年之松」是由第6代將軍德川家宣所種植，是東京都內最大的黑松樹。

符さん助您安排行程：

築地場外市場距離浜離宮恩賜庭園只有800米，徒步只須10分鐘。

千代田區

1 千鳥淵綠道

~ 櫻花漫天飛舞

千鳥淵綠道是沿著皇居護城河所整建的遊步道,全長約700米,綠蔭成林,是東京著名的賞櫻勝地。每年3月下旬至4月上旬,約260棵嫩粉色的櫻花樹競相怒放,景色震撼美麗。除了在櫻花樹下散步,也可泛舟在河中賞櫻,感受不一樣的美景。到了夜晚櫻花樹打上燈光,又會添上浪漫氣氛,別有風情。

- 📍 東京都千代田区九段南2～三番町2先
- 🌐 https://visit-chiyoda.tokyo/app/spot/detail/446
- 🚇 都営地下鉄新宿線・東京地下鉄東西線・半蔵門線「九段下」駅(2號出口)徒步3分鐘。

千鳥淵出租小艇

- 🕐 11:00-17:30 (3月1日至11月30日)
- 💰 每30分鐘 ¥500;櫻花季節每30分鐘 ¥800

2 皇居

原於 1888 年落成的建築在二次大戰時被燒毀，現存的皇居是在 1968 年重建而成。

皇居的前身是德川家的居所江戶城，從明治天皇開始江戶城已被作為皇居，直到現在仍是歷代天皇的居所。皇居中的吹上御苑是嚴禁進入的重地，而北之丸公園、皇居外苑及皇居東御苑則是對外開放。北之丸公園的位置就在千鳥淵綠道最近的「九段下駅」對面；而皇居外苑及皇居東御苑最近的車站是「二重橋前駅」。另外，皇居也設有 75 分鐘的導賞團，讓公眾參觀富士見櫓、蓮池濠及伏見櫓等歷史建築，上午及下午各一場，可事前網上預約，也可即日報名參加（先到先得），報名詳情請瀏覽網站。

📍 東京都千代田区千代田 1－1
📞 +81-3-5223-8071
（宮內廳管理部管理課參觀係）
🚇 (1) 東京地下鉄千代田線「二重橋前」駅（6 號出口）徒步 10 分鐘。
(2) 都營地下鉄三田線「大手町」駅（D2 出口）徒步 10 分鐘。
(3) JR「東京」駅（丸の內中央口）徒步約 15 分鐘。

皇居導賞團

🕐 上午導賞團 10:00-11:15；下午導賞團 13:30-14:45（※ 7 月 21 日至 8 月 31 日只有上午團）
🅲 星期日、星期一、假期（星期六除外）及年末年始（12 月 28 至 1 月 4 日）
💲 免費
🌐 http://sankan.kunaicho.go.jp/guide/koukyo.html

皇居外苑

📍 東京都千代田区皇居外苑 1－1
📞 +81-3-3213-0095（皇居外苑管理事務所）
🌐 https://fng.or.jp/koukyo/
🚇 東京地下鉄千代田線「二重橋前」駅（B6 或 2 號出口）徒步 2 分鐘。

皇宮正門石橋建於 1888 年，是皇居外苑的打卡熱點。

皇居前廣場上豎立了一座成武的楠木正成銅像，是建武中興的忠臣。

皇宮正門鐵橋又稱為二重橋。最初是建於 1614 年的木造橋，其後在 1898 年被換上鐵橋，現存的鐵橋也曾在 1968 年重建。

東京駅的紅磚外牆是令人印象深刻的建築物。

③ 東京駅・東京駅一番街

東京駅是東京都的主要交通樞紐，新幹線的班次非常頻密，網絡四通八達，縱橫貫穿日本全國。復原了100年前面貌的丸之內車站大樓不僅外觀雄偉，作為最繁忙的車站內部也有密集的購物飲食區，魅力十足。在車站八重洲地下街，集結了180多間店舖，商品種類應有盡有，動輒逛上半天也不誇張。「東京駅一番街」以不同主題為

賣點，非常吸引。「東京Character Street」約有30間店舖，是各式卡通人物商品的專賣店；「東京Okashi Land」是著名零食品牌的銷售區；「東京拉麵街」匯集8間人氣拉麵店，經常人龍不絕。如果旅程中途經東京駅，不妨稍作停留，選購手信和特色紀念品。

📍 東京都千代田区丸の内1丁目9－1
🕐 各店有異
🌐 https://www.tokyoeki-1bangai.co.jp/
🚉 JR「東京」駅八重洲口。

4 秋葉原（Akihabara）

秋葉原最初以售賣各式電器、電腦、電子產品而為人所知，其後也發展成電玩、漫畫、動漫等商品的集中地，吸引眾多來自世界各地的顧客。近年來秋葉原也被視為宅男街，因為宅男最愛的電玩及動漫產品店舖愈來愈多，還有很多女僕咖啡店、AKB48 劇場等，是很多狂熱粉絲必訪的聖地。

- 📍 東京都千代田区外神田
- 🕐 各店有異
- 🌐 https://akiba.or.jp/
- 🚉 JR山手線・東京地下鉄日比谷線「秋葉原」駅。

符さん助您安排行程：
JR 山手線秋葉原駅就在上野駅和東京駅之間，各相距兩個車站而已。

台東區

台東區是東京都23區當中面積最細小的區域，但就有淺草和上野等無人不知的觀光地，是初次到訪東京必遊之處。淺草和上野都是東京的下町舊區，各有不同的日本風情。淺草的中心地區是由圍繞歷史悠久的淺草寺的幾條街道所組成，散發著濃厚的江戶時代氣息。上野恩賜公園的櫻花、AME橫的平價商店街和日本初的上野動物園，都是上野的象徵，魅力之所在。

淺草 (Asakusa)

1 淺草寺

~ 東京都最古老的寺院

淺草寺又稱為金龍山淺草寺，是東京都內最古老的佛教寺院，亦是最有名氣的寺院，每年造訪遊客超過3,000萬人，長年人頭湧湧，香火鼎盛。

淺草寺有一段有趣的歷史。相傳於628年，有兩位漁夫兄弟在隅田川捕魚時撈起了一尊觀音像，他們曾數度將觀音像放回河中，但每次都會回到他們手上。兩人認為是觀音顯靈，於是開始在土師真中知的住宅中祭祀那尊觀音像，直到645年一位名為勝海上人的僧侶建立了觀音堂。儘管淺草寺在1945年被燒毀，但在1958年得以重建，繼續成為許多當地人的重要信仰。

雷門全稱為風雷神門，是淺草寺的總門，也是寺院的地標，紅紅的大燈籠下總是聚集了許多打卡的人。

仲見世通是通往淺草寺的參道，由雷門至寶藏門全長約250米，兩旁排列著約90間店鋪，淺草名物人形燒店特別多，也有菓子、特產、手信店，是日本最古老的商店街之一。

寶藏門（仁王門）。

五重塔。

📍 東京都台東区浅草2丁目3-1
📞 +81-3-3842-0181　🕐 6:00-17:00；10月至3月 6:30-17:00
🅲 年中無休　💴 免費
🌐 https://www.senso-ji.jp/
🚃 (1) 東武伊勢崎線（東武SkyTree Line）「浅草」駅徒步5分鐘。
　　(2) 東京地下鉄銀座線「浅草」駅（出口2）徒步5分鐘。
　　(3) 都營浅草線「浅草」駅（A4出口）徒步5分鐘。
　　(4) つくばエクスプレス（TSUKUBA EXPRESS）「浅草」駅（A1出口）徒步5分鐘。

② 淺草文化觀光中心

外 觀獨特的淺草文化觀光中心,位置就在淺草雷門前,大樓內除了提供旅遊資訊外,8樓亦設有展望台及Café。從展望台可以將仲見世通、淺草寺、隅田川及晴空塔的景色盡收眼底,有時間是值得一遊的。

- 📍 東京都台東区雷門 2 丁目 18 - 9
- 📞 +81-3-3842-5566
- 🕐 9:00-20:00;8/F 展望台 9:00-22:00;8/F 展望 Café 10:00-20:00
- 🅒 年中無休
- 💲 免費
- 🌐 https://www.city.taito.lg.jp/
- 📖 (1) 東武伊勢崎線(東武 SkyTree Line)「浅草」駅徒步 5 分鐘。
  (2) 東京地下鉄銀座線「浅草」駅(出口 2)徒步 1 分鐘。
  (3) 都営浅草線「浅草」駅(A4 出口)徒步 2 分鐘。

③ 淺草～台場 水上巴士

如 果有計劃到台場一遊,可考慮上午遊覽淺草,下午乘坐觀光船到台場繼續遊玩,不但直接方便,沿途也可欣賞河岸不斷變化的景觀,細味東京都的魅力。由淺草到台場的航程約 55 分鐘,乘船碼頭就在紅色的吾妻橋旁邊的隅田川。除了前往台場之外,還有其他航線,詳情請瀏覽網站。

- 📍 東京都台東区花川戸 1-1-1
- 💲 成人 ¥1,720、小童 (6 至 12 歲) ¥860
- 🌐 www.suijobus.co.jp
- 📖 (1) 東武伊勢崎線「浅草」駅徒步 1 分鐘。
  (2) 東京地下鉄銀座線「浅草」駅徒步 1 分鐘。
  (3) 都営浅草線「浅草」駅徒步 3 分鐘。

符 さん有感:

我 經常由淺草徒步前往晴空塔,一來是為了散策燒脂,二來是喜歡欣賞不同角度的晴空塔。有一天如常由淺草出發,途經隅田川之時,遇上了 8 位美少女,看著她們跟對岸的晴空塔自拍打卡,擺出很多有趣的姿勢,十分開心。因為我也想開心一番,所以邀請她們合照。8 美人非常合作,毫不吝惜笑容,跟我拍下了一張又一張不同表情的開心合照。想開心其實很簡單,謝謝她們送我一段小回憶。

上野 (Ueno)

1 上野恩賜公園

~ 著名櫻花名所

> 公園內種植了染井吉野等 50 多個品種的櫻花，色彩豐富。

佔地約 54 萬平方米的上野恩賜公園，是東京都最大的公園，也是日本最早的公園之一。上野公園原屬於日本皇室，於 1873 年與芝、淺草、深川、飛鳥山一起首次被政府指定為公園，並於 1876 年正式開園。於 1924 年由大正天皇下賜予東京都政府管轄，故公園名稱加有「恩賜」兩字。

東京都政府規劃上野公園成為一個具吸引力的公園，所以園內設施眾多，包括有動物園、上野東照宮、清水觀音堂、文化會館、博物館及美術館等，是一個能感受歷史、文化和藝術的公園。此外，公園亦以賞花聞名，四季都可欣賞到不同的自然美景。不忍池的蓮花美不勝收，還有園內約 1,200 棵櫻花樹交織出絕美的景致更令人讚嘆，是都內著名的賞櫻勝地，每年賞櫻客多得驚人，好不熱鬧。

📍 東京都台東区上野公園・池之端三丁目
📞 +81-3-3828-5644
🕐 5:00-23:00
C 年中無休
🌐 https://www.kensetsu.metro.tokyo.lg.jp/jimusho/toubuk/ueno/index_top.html
🚃 (1) JR山手線・京浜東北線・高崎線・宇都宮線「上野」駅徒步 2 分鐘。
　　(2) 東京地下鉄銀座線・日比谷線「上野」駅徒步 2 分鐘。
　　(3) 京成電鉄京成本線「京成上野」駅徒步 1 分鐘。

乘坐天鵝小艇在池中暢遊賞櫻，更添樂趣。

上野東照宮是依照德川家康的遺願於1627年創建，第三代將軍德川家光於1651年進行了重大改造，成為現在的東照宮。東照宮的古建築與盛放的櫻花構成精彩的畫作，絕對不能錯過。

清水觀音堂前圓形的「月の松」別具特色，松樹添櫻就更加吸晴了，難怪這裡留住了許多人的足跡。

符さん有感～東京追櫻記：

記得在2020年3月中旬的某一天，得悉一位朋友陷於抑鬱之中，我在想：身在遠方的我可以為她做些什麼呢？晚上，從電視上看到東京的櫻花開始綻放，於是我想了一個送暖環節，名為「吞泡一分鐘」，追蹤東京的櫻花名所，每處拍下一分鐘美麗的櫻花片段傳給她，越洋送上真摯的祝福，希望她見花開心，明天會更好。上野恩賜公園就是追櫻記的第一天，記憶特別深刻。祝願這位朋友一切都安好。

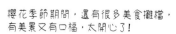

櫻花季節期間，還有很多美食攤擋，有美景又有口福，太開心了！

② 上野動物園

~ 日本首個動物園

位 於上野恩賜公園內的動物園，早於
1882 年開園，是全國第一個動物園。
園內分為東園和西園兩個區域，共飼養了多
達 300 種合共 3,000 隻動物，包括大猩猩、
老虎、北極熊、長頸鹿等。由於小學生以下
是免費入場，所以深受當地人歡迎，是享受
親子樂的好去處。

📍 東京都台東区上野公園 9 - 83

📞 +81-3-3828-5171

🕐 9:30-17:00

🅲 星期一（公眾假期則順延至翌日）及 12 月 29 日
至 1 月 1 日

💲 成人 ¥600，65 歲以上 ¥300，中學生 ¥200，小學生
以下免費

🌐 https://www.tokyo-zoo.net/sp/ueno/

🚃 JR「上野」駅（公園口）徒步 5 分鐘。

51

③ AME 橫商店街（アメ橫）

AME 橫商店街是上野有名的平民購物街，全長約500米，由JR上野駅一直延伸至JR御徒町駅之間約有400多間服裝、運動鞋、雜貨、化妝品、特產、菓子、水果、鮮魚、餐廳等各式店舖，總之一應俱全，價廉超值，街上叫賣聲不絕，非常熱鬧。

- 📍 東京都台東区上野6
- 🕐 各店有異
- Ⓒ 各店有異
- 🌐 https://www.ameyoko.net/
- 📖 (1) JR「上野」駅（不忍口）即到達。
  (2) 東京地下鉄「上野」駅（7號出口）徒步2分鐘。
  (3) 京成電鉄「京成上野」駅（正面口）即到達。

符さん助您安排行程：

淺草與晴空塔比較接近，建議同日遊覽。另外，由淺草乘坐水上巴士到台場也十分便捷。到上野最方便是乘搭班次頻密的JR山手線。由東京往上野只須7分鐘車程而已。

墨田區

Tokyo SkyTree Town

鄰近淺草的墨田區，自從東京晴空塔落成之後，成為東京都的代表性地標，墨田區就變得更熱鬧。於 2012 年開幕的「Tokyo SkyTree Town」，包括東京晴空塔、大型商業設施 Tokyo Solamachi、水族館、天文館和郵政博物館等。這裡匯集消閒娛樂、購物、美食、賞景等多姿多彩的選擇，所以開幕逾 10 周年，至今依然人氣旺盛。

🚃 (1) 東武スカイツリーライン（東武 SkyTree Line）→ とうきょうスカイツリー（Tokyo SkyTree）駅。
　　(2) 東京地下鉄半蔵門線・都営浅草線・京成押上線 → 押上駅（B3・A2 出口）徒步約 3 分鐘。

東京晴空塔

~ 東京都地標

高度有634米的東京晴空塔，是世界上最高的獨立式電波塔，從市區各處都能看見它的身影。晴空塔的設計概念，是仿照一棵向天空延伸的大樹而建造。塔身設有兩個觀景台，分別是標高350米的天望甲板及標高450米的天望回廊。天望甲板除了可俯瞰風景外，也設有餐飲美食和商店。天晴的時候，從天望回廊可以眺望遠達75公里的景色，實在非常壯觀。

📍 東京都墨田区押上1丁目1-2
📞 +81-570-550-634
🕐 8:00-22:00
🅲 年中無休
🌐 https://www.tokyo-skytree.jp/

入場費：		成人	中學生	小學生
350米展望台 天望甲板	平日	¥2,100	¥1,550	¥950
	休日	¥2,300	¥1,650	¥1,000
350米+450米展望台 天望甲板+天望回廊	平日	¥3,100	¥2,350	¥1,450
	休日	¥3,400	¥2,550	¥1,550

※ 休日：星期六、日及假期
※ 預先在7-11便利店購票可享票價優惠，詳情請瀏覽網站

晴空塔內有不少打卡佈景。

從標高350米的天望甲板展望眼前風景，相當震撼。

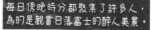

每日傍晚時分都聚集了許多人，為的是觀賞日落富士的醉人美景。

日落後的晴空塔，亮上美麗的燈光。

2 Tokyo Solamachi

位於東京晴空塔底層的大型商業設施「Tokyo Solamachi」，有300多間店鋪散佈在1樓至5樓，包括食品、時裝、化妝品、雜貨等多樣的貨品，當中不少更是Solamachi限定商品，不容錯過。在6樓、7樓、30樓及31樓的餐飲樓層，各國菜式餐廳亦任君選擇。

📍 東京都墨田区押上1丁目1-2
📞 +81-570-55-0102
🕐 10:00-21:00；餐廳 11:00-23:00
Ⓒ 不定休
🌐 https://www.tokyo-solamachi.jp/

池中的水母很美麗，小朋友看到目不轉睛。

3 墨田水族館

暢泳中的企鵝超可愛，深得訪客歡心。

位於 Tokyo Solamachi 內的墨田水族館，佔地兩樓層，是全室內的水族館設施。水族館是使用人工製造的海水，能保持優良的水質，為各種生物提供了舒適及健康的環境。館內展出約 260 種合共 5,000 隻海洋生物，可以近距離看到海豹和企鵝的開放式水池，而夢幻般的水母更值得一看。這裡最大亮點是 6 米深的東京大水槽，鮮艷奪目的魚群游來又游去，猶如東京群島的大海，相當吸引。

📍 東京都墨田区押上 1 丁目 1 － 2 (Tokyo Solamachi 5F・6F)

📞 +81-3-5619-1821

🕙 10:00-20:00（星期六、日及假期・特定日 9:00-21:00）

🅲 年中無休

💲 成人 ¥2,300，高校生 ¥1,700，小 / 中學生 ¥1,100，幼兒（3 歲以上）¥700

🌐 http://www.sumida-aquarium.com/

符さん有感：

我去過晴空塔都有 5、6 次，最開心的一次莫過於帶三個寶貝來玩了大半天。小朋友的成長真快速，趁他們未嫌棄我的時候，製造多一點開心的回憶是我的龐大計劃，哈哈！

符さん助您安排行程：

晴空塔與淺草距離只有一個車站，應該同日遊覽。如果不怕步行，建議由淺草徒步往晴空塔（約 1.5 公里，需時 20 分鐘），逐漸接近晴空塔的感覺多好，又可拍下不同構圖的相片，很有趣。

葛飾區

柴又（Shibamata）

～大都會中的獨特風情

位於葛飾區的柴又，是一個充滿懷舊風情的小鎮，也是《男人真命苦》一系列日本電影的故事舞台，48 部電影在 1969 年至 1995 年之間上映，男主角「寅さん（寅次郎）」成為了日本家喻戶曉的人物。在參道商店街的一間草丸子店，是寅さん的老家，所以造就了柴又成為日本人朝聖之地，至今特意到柴又緬懷電影情節仍然大有人在。從柴又車站的寅さん銅像到帝釋天參道商店街，再走到寅さん紀念館，完全能感受到這套長壽電影不敗的人氣。還有柴又帝釋天的巨大古松樹和精美雕刻、山本亭的優雅庭園和獨特建築，散發出柴又的魅力。

🚃 新宿駅 → 日暮里駅 → 京成高砂駅 → 柴又駅（JR 山手線・京成本線・京成金町線，約 50 分鐘，¥470）

第1作から第4作まで撮影に使用した店です。

1 帝釋天參道商店街

整條商店街，滿滿都是與寅さん相關的商品。

對於許多日本人來說，置身在帝釋天參道商店街，看著電影中的著名場景，恍如擔演路人甲的角色，趣味無窮。由明治末期至大正時代形成的參道商店街，雖然全長只有 200 米，兩旁卻林立著老字號的草丸子、煎餅及各式持產店，還有鼎鼎有名的川魚料理和懷舊咖啡店等等，親切的店員與古老的建築，充滿昔日的日本風情。

📍 東京都葛飾区柴又 7 丁目
🕐 各店有異
🅲 各店有異
🌐 http://shibamata.net/
📖 「柴又」駅徒步1分鐘。

建於明治與大正時代的高木屋老舖，其草丸子及煎餅很受歡迎，不能不吃。

老舖川千家，以河魚料理馳名，保存著開業 250 年來不變的好味道。

鰻魚定食「梅」¥3,700。

2 柴又 HAIKARA 橫丁・柴又玩具博物館

據說許多玩具製造商都集中在葛飾區，而在昭和時代的葛飾區也有不少糖果店。位於帝釋天參道入口有一座 HAIKARA 橫丁・柴又玩具博物館，一樓是售賣各式各樣的復古糖果和雜物，二樓則是展示 50 年代到 70 年代的懷舊玩具、雜誌和遊戲機的博物館，可以感受到濃厚的昭和氣氛，值得一逛。

📍 東京都葛飾区柴又 7 丁目 3 – 12
📞 +81-3-3673-9627
🕐 HAIKARA 橫丁 10:00-18:00；玩具博物館 11:00-18:00（星期六、日及假期）
🅲 HAIKARA 橫丁不定休；博物館星期一至五休息
🎫 博物館收費（1歲以上）¥200
🌐 http://www2.odn.ne.jp/shibamata/
📖 「柴又」駅徒步1分鐘。

3 柴又帝釋天
~ 雕刻名作・聞名全國

位於參道盡頭的柴又帝釋天，於 1629 年開山，正式名稱為「經榮山題經寺」，是一座日蓮宗的佛寺，護佑除病延壽、商貿繁盛，自江戶時代以來已成為民間信仰。穿過二天門可自由走進帝釋堂參拜，堂前的巨大古老松樹令人眼前一亮。旁邊的入口是雕刻長廊及庭園的收費區域，巧奪天工的雕刻名作絕對不能錯過。

帝釋堂前的瑞龍之松向橫伸展，構成獨特的外觀，非常精彩。

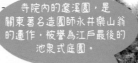

雕刻長廊的十幅木雕作品，以十個法華經的故事為主題，由十位著名雕刻家從大正末期到昭和初期的十幾年之間陸續完成。作品非常精巧，美得令人屏息，難怪聞名全國。

寺院內的邃溪園，是關東著名造園師永井樂山翁的遺作，被譽為江戶最後的池泉式庭園。

📍 東京都葛飾区柴又 7-10-3
📞 +81-3-3657-2886
🕐 5:00-20:00；雕刻長廊・邃溪園 9:00-16:30
📅 年中無休；邃溪園 12 月 28 日至 1 月 3 日休園
💰 免費參拜；雕刻長廊・邃溪園共通券：成人 ¥400、小 / 中學生 ¥200
🌐 http://www.taishakuten.or.jp/
🚉 「柴又」駅徒步約 4 分鐘。

4 葛飾柴又寅さん紀念館

顧名思義，這裡是一個了解寅さん生活的世界。一系列《男人真命苦》的電影故事，深深種入了日本人的心坎內，甚至在柴又建立了紀念館，讓人回味一幕又一幕的經典情節，也可讓不熟悉這齣電影故事的人了解寅さん的生活點滴。館內重現了許多當年的拍攝場景及精美的迷你模型，也詳盡地介紹電影的製作過程等等。紀念館入場券是包含參觀山田洋次導演的美術館。

📍 東京都葛飾区柴又 6 丁目 22 - 19
📞 +81-3-3657-3455
🕐 9:00-17:00
📅 每月第三個星期二（公眾假期則順延至翌日）及 12 月第三個星期二至四
💰 入場費：成人 ¥500，65 歲以上 ¥400，小 / 中學生 ¥300（※ 寅さん紀念館＋山本亭共通券：成人 ¥550，65 歲以上 ¥450）
🌐 https://www.katsushika-kanko.com/
🚉 「柴又」駅徒步約 8 分鐘。

5 山本亭

建於 1920 年代的山本亭，是當地企業家山本榮之助的宅邸，於 1991 年開始作為參觀設施對外開放。這座美麗的建築融合了日本和西方的建築風格，當中以純和風的庭園特別受關注，國內外也享有盛譽。在這和洋合璧的獨特氛圍之中，推薦一邊享用抹茶與菓子，一邊欣賞庭園的景觀，悠閒自在，忘掉煩惱。

- 📍 東京都葛飾区柴又 7 丁目 19 - 32
- 📞 +81-3-3657-8577
- 🕐 9:00-17:00
- 📅 每月第三個星期二（公眾假期則順延至翌日）及 12 月第三個星期二至四
- 💰 成人 ¥100，中學生以下免費
  （※ 山本亭＋寅さん紀念館共通券：成人 ¥550，65 歲以上 ¥450）
- 🌐 https://www.katsushika-kanko.com/
- 📷 「柴又」駅徒步約 8 分鐘。

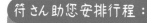

符さん有感：

我從來沒有看過《男人真命苦》這齣電影，但我很喜歡柴又這個古老地方。柴又是煩囂的東京都內難得擁有獨特風土人情的小鎮。不用花太多車資和時間，就可以遠離鬧市的擠迫和嘈吵，輕輕鬆鬆漫步於別具一格的下町街道，細味眼前每一樣年代久遠的東西，沿途品嘗各式地道名物，感受四周遊客來朝聖而得到的喜悅。這種悠然自得的快樂，很實在。

強烈建議，來東京買食玩之餘，來一趟柴又體驗大都會中的懷舊日本風情。

符さん助您安排行程：

遊覽柴又花上三至四小時已足夠。若喜歡再慢活一點，也可逗留半天，多嘗試不同的地道食店和茶室。

武藏野市

1 吉祥寺 (Kichijoji)

位於武藏野市的吉祥寺，是日本人心目中最理想的居住地。不論從新宿或渋谷出發，到吉祥寺的交通都非常便捷，踏出車站四處都是購物商店和飲食街，數分鐘步程之距又有悠閒自在的自然風情，繁華與寧靜並存的地區，深受各年齡層民眾的喜愛。

- https://musashino-kanko.com/
- (1) 新宿駅 → 吉祥寺駅
  （JR 中央線（快速），約 14 分鐘，¥220）
  (2) 渋谷駅 → 吉祥寺駅
  （京王井の頭線（急行），約 16 分鐘，¥200）
  (3) 渋谷駅 → 吉祥寺駅
  （京王井の頭線（普通），約 25 分鐘，¥200）

② 井之頭恩賜公園

於 1917 年開園的井之頭恩賜公園，是日本第一個郊外公園，佔地約 42 萬平方米，栽種了很多樹木，綠意盎然，空氣清新。公園中央是廣大的井之頭池，池畔約有 250 棵櫻花樹，秋天紅葉也很壯觀，可在池中划艇欣賞自然風景，優哉游哉享受輕鬆時光。在公園西側還有「井之頭自然文化園」，可觀賞多種動物和水生生物。這裡優美的自然環境，成為了不少日劇的取景地，為許多市民帶來特別的憶記。

公園四處可見寫生藝術家，高手雲集，令人大開眼界。

- 📍 東京都武藏野市御殿山 1 丁目 18 - 31
- 📞 +81-422-47-6900
- ⏰ 24 小時
- 🅲 年中無休
- 💰 免費
- 🌐 hhttps://www.kensetsu.metro.tokyo.lg.jp/jimusho/seibuk/inokashira/
- 🚃 (1) 京王井の頭線「井の頭公園」駅徒步 1 分鐘。
  (2) JR 中央線「吉祥寺」駅徒步 5 分鐘。

井之頭自然文化園

自 然文化園的用地面積約為井之頭恩賜公園的三分之一，分為動物園、雕刻館、遊樂園的「本園」，以及展示水生生物的「分園」。

- 📍 東京都武藏野市御殿山 1 丁目 17 - 6
- 📞 +81-422-46-1100
- ⏰ 9:30-17:00
- 🅲 星期一（公眾假期則順延至翌日）及 12 月 29 日至 1 月 1 日
- 💰 成人 ¥400、65 歲以上 ¥200、中學生 ¥150、小學生以下免費
- 🌐 https://www.tokyo-zoo.net/zoo/ino/

立川市

國營昭和紀念公園

～五顏六色花花公園

位於立川市的國營昭和紀念公園，是為紀念裕仁天皇在位50周年而建，於1983年正式開園。公園僅距離新宿約40分鐘車程，在佔地180公頃的廣闊土地上，種植了800多種花草樹木，當中以黃葉、紅葉、櫻花最具代表，總之一年四季都能欣賞到五顏六色的花花世界。公園是多功能的遊憩場所，除了花田，還有自然遊樂場、單車徑、划船、燒烤場等，又或在大草坪野餐享受愜意而放鬆的時光，暫時脫離喧鬧的都市生活，是忘憂的好去處。

📍 東京都立川市綠町3173

📞 +81-42-528-1751

🕐 9:30-17:00；11月至2月 9:30-16:30

🚫 12月31日至1月1日及1月的第四個星期一、星期二

💰 成人（15歲以上）¥450，65歲以上¥210，小／中學生免費

🌐 https://www.showakinen-koen.jp/

🚉 新宿駅→立川駅→西立川駅（JR中央線（中央特快／快速）、JR青梅線，約36～45分鐘，¥480），由公園口徒步2分鐘

園內的兒童遊樂設施充足。

紅橙黃綠水中倒影，點綴日本庭園，優美如畫。

這裡是拍攝婚照的勝地，不是 Cosplay 愛好者的打卡熱點，連寵物也來湊熱鬧。

公園面積很大，可以乘坐公園火車代步或繞園賞景，火車行駛一周大約需時 45 分鐘。車費單程成人 ¥400，中學生以下 ¥200；一日乘車券每人 ¥600。

在水中央划艇欣賞風景，樂趣多多。

符さん有感：

在 東京生活期間，連續兩年的生日都來了這裡看花，所以有特別的情意結。我的生日願望是復活精彩生命，當然我還需要付出很大的努力，但看到眼前各種色彩斑斕的花花，感覺有希望，不會放棄。

符さん助您安排行程：

雖 然公園有多個入口，但論設施及看點的位置，還是建議從西立川駅的入口開始遊園。西立川駅的青梅線，是可前往青梅、御嶽、奧多摩的方向，可安排順遊行程。特別推薦 11 月中旬前往，這裡的黃葉並木是一大絕景，美得令人想流淚。

八王子市

1 高尾山
～輕鬆登山遊

想在東京都親近大自然，到高尾山是很好的選擇。位於八王子市的高尾山，標高只有 599 米，人氣卻持續高企，全年都有許多登山客造訪，特別在秋季賞楓客蜂擁而至，最是熱鬧。高尾山有 6 條以編號區別的登山路線及稻荷山路線，當中以看點最多的 1 號「表參道路線」最受歡迎，可以選擇需時約 100 分鐘的全程徒步登山，或乘坐登山纜車或吊椅到山腰後再徒步 40 分鐘到山頂。高尾山以植物寶庫廣為人知，山上亦有茶屋、猴子園及藥王院等，在山頂也可以俯瞰東京都的壯闊風光及遠眺富士山的景色。

📱 新宿駅 → 北野駅 → 高尾山口駅（京王線（特急）・京王高尾線，約 55 分鐘，¥390）

乘登山纜車由清滝駅到高尾山駅，需時約 6 分鐘，車廂最多可容納 135 人。

高尾登山電鐵

無論登山纜車或吊椅都在此購票，收費同價。

- 📍 東京都八王子市高尾町 2205 番地
- 📞 +81-42-661-4151
- 🕐 登山纜車 8:00-17:15 ～ 18:30；吊椅 9:00-16:00 / 16:30
  （※ 因應季節有所不同，詳情請瀏覽網站）
- Ⓒ 年中無休
- 💲 單程 成人 ¥490，小童 ¥250；來回 成人 ¥950，小童 ¥470
- 🌐 https://www.takaotozan.co.jp/
- 🚇 「高尾山口」駅徒步 5 分鐘。

乘坐吊椅由山麓駅到山上駅，需時約 12 分鐘，每張吊椅最多可接載 2 人。

登山纜車的終點高尾山駅。

吊椅的終點山上駅。

高尾山猴子園 · 野草園

（高尾山さる園 · 野草園）

在山腰中的猴子園，飼養了約 90 頭可愛的猴子，飼養員以幽默方式向觀眾介紹猴子的個性及行為，讓人開懷大笑。在附屬的野草園中，還可以看到約 300 種稀有的植物。

- 📍 東京都八王子市高尾町 2179
- 📞 +81-42-661-2381
- 🕐 12 月至 2 月 9:30-16:00；3 月至 4 月 10:00-16:30；5 月至 11 月 9:30-16:30
- Ⓒ 不定休
- 💲 成人（中學生以上）¥430，小童（3 歲以上）¥210
- 🌐 https://www.takao-monkey-park.jp/
- 🚇 乘坐纜車或吊椅到山中，徒步約 3 分鐘。

藥王院

相傳藥王院於 744 年創立，正式名稱為「高尾山藥王院有喜寺」。藥王院供奉的「飯繩大權現」是不動明王的化身，據說可為信徒消災解厄及保佑平安。「飯繩大權現」受到戰國時代武田信玄與上杉謙信等武將、甚至江戶時代德川家的信奉和保護，所以高尾山藥王院得以興盛，信徒眾多。此外，在高尾山上亦有信奉天狗，當地人認為天狗是一群住在聖山裡山神的使者，降臨凡間懲惡揚善。

許多登山客前來參拜，正殿香火鼎盛。

- 📍 東京都八王子市高尾町 2177
- 📞 +81-42-661-1115
- 🕐 24 小時
- 🅒 年中無休
- 🆓 免費
- 🌐 https://www.takaosan.or.jp/
- 🚠 乘坐纜車或吊椅到山中，徒步約 15 分鐘。

飯繩權現堂外觀華麗，極具氣派。

高尾山頂

如果天朗氣清，在山頂可以眺望富士山，但這次沒運氣了！

乘坐登山纜車或吊椅到山腰後，徒步約 40 分鐘就登頂了！

登山途中也會經過幾間茶屋。十一丁目茶屋的蕎麥麵和權現茶屋的天狗搶搶麵我都品嘗過，味道很不錯。

在山頂有多間食店，登山客可補充體力，稍作休息。

67

2 京王高尾山溫泉

~ 極樂湯

位於高尾山口駅旁邊的京王高尾山溫泉極樂湯,是在 2015 年開業的日歸溫泉設施。這裡的泉水是從地下 1,000 米湧出的鹼性溫泉,呈微白透明色,據說對肌肉、關節等痛症有療效。館內的男女浴場各有 7 個室內及露天風呂,也有桑拿室和食店。登山過後來一趟溫泉消除疲憊,再吃一碗拉麵等美食,完美了吧!

📍 東京都八王子市高尾町 2229-7
📞 +81-42-663-4126
🕐 8:00-22:45
🅒 年中無休
💴 成人 (中學生以上) ¥1,000,小童 (4 歲以上) ¥500;
　　星期六、日、假期及繁忙期 成人 ¥1,200,小童 ¥600
🌐 http://www.takaosan-onsen.jp/
🚃 京王高尾線「高尾山口」駅即到達。

3 三井 OUTLET PARK 多摩南大沢

於 2000 年開業的三井 OUTLET PARK 多摩南大沢,就在南大沢駅旁邊,由新宿來此只須半小時多的車程,交通便利。在充滿法國南部城市景觀的建築風格內,匯集了 110 間來自世界各地知名品牌的商店和餐廳,各式生活所需一應俱全,購物客絡繹不絕。周末還有現場表演和精彩活動,十分熱鬧。

📍 東京都八王子市
　　南大沢 1-600
📞 +81-42-670-5777
🕐 10:00-20:00;
　　餐廳 11:00-22:00
🅒 不定休
🌐 https://mitsui-shopping-park.com/mop/tama/
🚃 新宿駅 → 南大沢駅(京王線(特急/急行),
　　約 38 分鐘,¥350)

符さん助您安排行程:

遊覽高尾山,如果加插日歸溫泉,剛好是一天的行程。如想到 OUTLET PARK 購物,由新宿往南大沢的交通時間比較短和直接,由高尾山口駅前往就必須轉車和車程時間較長。

青梅市
Ome

想享受東京都的郊外風情，除了眾所周知的高尾山外，還有自然資源更加豐富的青梅和奧多摩。青梅市位於東京的西部，由新宿乘搭 JR 到青梅只須 1 小時多而已。青梅市大部分面積被群山環繞，因此可以充分享受在東京市區無法找到的豐富自然風貌。御岳山和御岳溪谷都是著名的散策觀光勝地；而在青梅車站周邊的復古街道，可以穿越時空，感受昭和懷舊氣氛，趣味滿溢。

🌐 https://www.omekanko.gr.jp/

🚃 (1) 新宿駅 →（立川駅）→ 青梅駅（JR 中央線・JR 青梅線（青梅特快／快速），約 60 ～ 73 分鐘，¥820）

(2) 青梅駅 → 御嶽駅（JR 青梅線（普通），約 17 分鐘，¥170）

青梅昭和懷舊街道

（青梅昭和レトロな町並み）

距離青梅駅只有幾分鐘步程，有一條洋溢著昭和懷舊氣息的街道，可以看到許多手繪電影廣告牌的商店、昭和博物館、昭和幻燈館等，無論是建築還是街道設施裝飾甚至是巴士站，都充滿了復古味道。

📍 東京都青梅市住江町
🚃 JR「青梅」駅徒步3分鐘。

昭和懷舊商品博物館

（昭和レトロ商品博物館）

樓高兩層的木造建築物，前身是家具店，1999年開始作為博物館展示著昭和30至40年代 (1955-1965) 的零食包裝、飲品罐、藥品、電影海報等各種懷舊的家居古物，展品既豐富又珍貴。

📍 東京都青梅市住江町 65
📞 +81-428-20-0234
🕐 星期五、六、日及假期 10:00-17:00
🚫 星期一至星期四
💴 成人 ¥350，小童 ¥200
🌐 https://twitter.com/gentokan
🚃 JR「青梅」駅徒步4分鐘。

昭和幻燈館

昭和幻燈館是昭和懷舊商品博物館的附屬設施，館內展出了活躍於青梅的「Q工房」水墨畫藝術家和玩偶藝術家的作品。

📍 東京都青梅市住江町 9
📞 +81-428-20-0355
🕐 10:00-17:00
🚫 星期一及星期二（假期除外）
💴 成人 ¥250，小童 ¥150
🌐 https://twitter.com/gentokan
🚃 JR「青梅」駅徒步6分鐘。

住吉神社

在懷舊巴士站後方的住吉神社，創建於 1369 年，過去 650 年以來一直守護著青梅地區，是當地人的心靈信仰。

- 📍 東京都青梅市住江町 12
- 📞 +81-428-22-2747
- 🕐 24 小時
- 🌐 https://www.omekanko.gr.jp/spot/01801/
- 🚃 JR「青梅」駅徒步 3 分鐘。

2 釜之淵公園

距離青梅駅 15 分鐘步程的釜之淵公園，是沿著多摩川蜿蜒曲折地形而建成的公園，為青梅市櫻花和紅葉的名勝地。這裡除了可以感受多摩川每個季節的自然美景外，也可以參觀鄉土博物館和舊宮崎家住宅等免費設施。

從酒店房間（かんぽの宿 青梅）眺望的風景，寧靜優美，當刻已經忘記了東京的塵囂。

- 📍 東京都青梅市大柳町 1392
- 🕐 24 小時
- 🌐 https://www.omekanko.gr.jp/spot/80201/
- 🚃 JR「青梅」駅徒步 15 分鐘。

公園綠意盎然，河川風光秀麗，最適合悠閒地散步。

舊宮崎家住宅

舊宮崎家住宅是江戶時代中期的建築物，為典型的農家住宅，獲業主贈予青梅市，於 1978 年遷移至此作公眾參觀，已被指定為重要文化財產。

- 🕐 9:00-17:00　💲 免費
- 📅 星期一（公眾假期則順延至翌日）及年末年始

青梅市鄉土博物館

博物館收藏和展示市民捐贈的民間器具及舊文獻，還有遺址出土的珍貴考古資料等。

☎ +81-428-23-6859
🕐 9:00-17:00
C 星期一（公眾假期則順延至翌日）及年末年始
💰 免費

3 御岳溪谷 ~日本名水百選

御岳溪谷是欣賞新綠和紅葉的著名風景區，由於位處多摩川的上游，因此水質特別好，是「日本名水百選」之一。由JR御嶽駅至軍畑駅之間，在多摩川兩岸綿延約4公里的遊步道是熱門的散策路線，除了可欣賞溪谷四季的明媚風景，也可參觀沿途多個美術館和酒造設施。

📍 東京都青梅市御岳地区
🌐 https://www.omekanko.gr.jp/spot/80401/
🚃 JR「御嶽」駅徒步約1分鐘。

即使不打算散策，也可來溪谷拍照和High Tea，品嘗由名水沖調的咖啡，真心分享，很寫意。

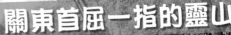
4 御岳山 ~關東首屈一指的靈山

標高 929 米的御岳山，又被稱為武藏御岳山，是關東山脈中的靈山之一，自古以來就受到人們的崇拜，其名稱是來自高僧行基於 736 年在山上創立的武藏御岳神社。御岳山是野生鳥類、昆蟲和植物的寶庫，山中還有瀑布和紅葉美景，所以一年四季都聚集了許多熱愛散策的遊人，探索這富饒的大自然生態和景色。

📍 東京都青梅市御岳山

📞 +81-428-78-9363（御岳訪客中心）

🌐 http://www.mt-mitake.gr.jp/index.html#top

🚃 由 JR「御嶽」駅前乘搭前往「ケーブル下（Cable 下）」（西東京）巴士，於終點下車，車程約 10 分鐘，車費 ¥290。
西東京巴士：https://www.nisitokyobus.co.jp/rosen/pocket.html

御岳登山鐵道

乘坐登山纜車只須 6 分鐘，便由山下的滝本駅到達標高 831 米的御岳山駅，可因應自己的體力遊覽山上之景點。

📍 東京都青梅市御岳 2 丁目 483 番地

📞 +81-428-78-8121

🕐 7:30-18:30

📅 年中無休

💴 單程 成人 ¥600，小童 ¥300；來回 成人 ¥1,130，小童 ¥570

🌐 https://www.mitaketozan.co.jp/

散策遊參考時間（單程）：

御岳山駅 → 御岳訪客中心（約 10 分鐘）→ 武藏御嶽神社（約 15 分鐘）→
長尾茶屋（約 5 分鐘）→ 長尾平（約 3 分鐘）→ 七代瀑布（約 20 分鐘）

步出御岳山駅，就是御岳平廣場，這裡有食店和手信店，也可飽覽群山景色。

御岳平廣場側，便是神社參道的入口。

沿途還有不少手信店舖。

武藏御岳神社

神社之拜殿。

武 藏御岳神社是由高僧行基於 736 年創建，供奉藏王權現，歷史悠久，信徒眾多，自古以來是山岳信仰的象徵，令御岳山成為關東地區首屈一指的靈山。

📍 東京都青梅市御岳山 176
📞 +81- 428-78-8500
🕐 24 小時
（寶物殿 星期六、日及假期 9:30-16:00）
💴 免費（寶物殿 成人 ¥500，小童 ¥300）
🌐 http://musashimitakejinja.jp/

神社的寶物殿收藏了國寶級的物品。

長尾茶屋是很受歡迎的補給站。

長尾平是廣闊的展望台，可俯瞰美麗的群山，也是享用午餐或小休的好地方。

由長尾平步向七代瀑布的山路，有時平坦，有時崎嶇。

七代瀑布落差約50米，瀑布周邊充滿負離子，環境清爽宜人。

符さん助您安排行程：

如打算即日往返以上景點，建議先上御岳山，下午到青梅的昭和懷舊街道，因為纜車有營業時間所限。但如果留宿一天，可選擇御岳山上的住宿，很多旅館的膳食評價不錯，晚上又可從御岳山上欣賞東京都的璀璨夜景。

奥多摩
Okutama

奥 多摩是東京都的後花園，擁有不少大自然恩賜的秘境，能擺脫東京的塵囂，是治癒身心的好去處。壯麗的峽谷絕景、日本最大的人工湖泊、關東首屈一指的鐘乳洞，全都是令人眷戀的自然景點。

🚃 (1) 青梅駅 → 鳩ノ巣駅（JR青梅線，約35分鐘，¥310）
　　(2) 青梅駅 → 奥多摩駅（JR青梅線，約40分鐘，¥310）
🌐 奥多摩觀光協會：https://www.okutama.gr.jp/
　　西東京巴士：https://www.nisitokyobus.co.jp/rosen/pocket.html

JR鳩ノ巣駅。

JR奥多摩駅。

1 鳩之巢溪谷（鳩ノ巢溪谷）

~ 奧多摩最美的峽谷

距離 JR 鳩ノ巢駅只有 10 分鐘步程，有一條全長約 500 米的鳩之巢溪谷，被認為是奧多摩最美麗的峽谷。經過長年的自然侵蝕形成約 40 米高的斷崖下，多摩川在巨石與奇石之間流淌，景色多麼壯麗。在紅楓季節，秋葉為陡峭的岩石加添色彩，更加引人入勝，每年眾多賞楓客都慕名湧至。

橫跨溪谷的鳩之巢小橋，是觀賞溪谷美景的最佳位置。

建在溪谷旁的「奧多摩の風はとのす莊」溫泉酒店。

從酒店房間的露台幾乎能俯瞰溪谷全景，壯觀美麗。

📍 東京都西多摩郡奧多摩町棚沢
🌐 https://www.ohtama.or.jp/sightseeing/350.html
🚃 JR「鳩ノ巢」駅徒步 10 分鐘。

誠意推介小橋旁邊的咖啡店，景觀絕佳，水準很好，老闆友善，完美。

2 奧多摩湖 ~ 親親大自然

奧多摩湖是 1957 年在多摩川上建成小河內水壩而形成的人工湖，儲水量相當之高，供應著東京都居民用水量約 20%，是日本最大的人工湖。奧多摩湖的深藍色湖水十分美麗，櫻花、深綠和紅葉等四季環山湖景，堪稱一絕。奧多摩湖周邊有展望塔和資料館等參觀設施，湖面上建有著名的麥山浮橋，也有全長 12 公里親近大自然的遊步道。

📍 東京都西多摩郡奧多摩町原
🌐 https://www.okutama.gr.jp/site/
🚃 由 JR「奧多摩」駅前 2 號巴士站乘搭前往「奧多摩湖方面」（西東京）巴士，於「奧多摩湖」下車，車程約 15 分鐘，車費 ¥360。

奧多摩水與綠交流館
（奧多摩水と緑のふれあい館）

這是以水和綠化為主題的免費展覽設施，可了解奧多摩的自然景觀、歷史民俗資料、水壩和人工湖的構造外，還有 3D 立體劇場、觀景餐廳和紀念品商店等。

📍 東京都西多摩郡奧多摩町原5
📞 +81-428-86-2731　⏰ 9:30-17:00；餐廳 10:00-16:30
🅲 星期三及 12 月 28 日至 1 月 4 日　💲 免費
🌐 https://www.waterworks.metro.tokyo.lg.jp/kouhou/pr/okutama/
🚌 於「奧多摩湖」巴士站下車即到達。

小河內水壩

小河內水壩的高度為 149 米，長度有 353 米，是日本國內首屈一指的大型水壩，所以一直吸引許多人前來一睹它的「壩氣」。

小河內水壩展望塔

在水壩之上方有一座免費的展望塔設施，展示了建設水壩時的相關資料，從展望室可環顧奧多摩湖的四周風光。

📍 東京都西多摩郡奧多摩町原
📞 +81-428-86-2211
⏰ 10:00-16:00；7 月 20 日至 8 月 31 日 17:00 止
🅲 12 月 28 日至 1 月 4 日
💲 免費
🌐 https://www.waterworks.metro.tokyo.lg.jp/kouhou/pr/ogochi/
🚌 「奧多摩湖」巴士站徒步 5 分鐘。

奧多摩湖いこいの路　～自然散策路

由小河內水壩展望塔再前進約 5 分鐘，便到達「奧多摩湖いこいの路」的入口。這是全長 12 公里的自然散策路，遊畢全程需時約 4 小時，沿途可欣賞明媚的湖畔風光，了解水源林的作用。散策路的終點在「山のふるさと村（山之故鄉村）」，但這裡沒有巴士站，必須再徒步 2.5 公里並越過麥山浮橋後，在「小河內神社」才可乘巴士返回 JR 奧多摩駅方向，所以需要注意體力和時間，如天黑還在路途中便容易生意外。

🅲 冬季因積雪封路（12 月至 4 月）
🌐 https://www.waterworks.metro.tokyo.jp/kouhou/pr/ikoi/
🚌 「奧多摩湖」巴士站徒步約 10 分鐘。

麥山浮橋（麦山の浮き橋）

連 結湖泊兩端的麥山浮橋，全長 220 米，是取代在水壩建設期間被淹没的道路而建，現已成為了旅客打卡的熱點。由於浮橋經常因水位過低或過高而禁止通行，前往之前請務必瀏覽官方網站。

由 JR「奧多摩」駅前 2 號巴士站乘搭前往「留浦、鴨沢西、丹波、小菅の湯方面」(西東京)巴士，於「小河内神社」下車，車程約 26 分鐘，車費 ¥530。
（由「奧多摩湖」上車則需時 11 分鐘，車費 ¥350。）

3 日原鐘乳洞

探索大自然的奧秘

日 原鐘乳洞是關東地區最大的石灰岩洞窟，全長 1,270 米，高低差有 134 米，是東京都指定的天然紀念物。洞窟內的溫度一年四季維持在 11 度，在冬暖夏涼的環境中散落著 30 多個奇形怪狀的鐘乳石，均為歷經數十萬年才形成的自然形態，在色彩繽紛的燈光照射下，充滿夢幻和神秘的氣氛。遊覽鐘乳洞大約需時 40 分鐘。

📍 東京都西多摩郡奧多摩町日原 1052
📞 +81-428-83-8491
🕐 9:00-17:00；12 月至 3 月 9:00-16:30
🅒 12 月 30 日至 1 月 3 日
💰 成人 ¥800，中學生 ¥600，小學生 ¥500
🌐 http://www.nippara.com/
🚌 (1) 平日：由 JR「奧多摩」駅前 1 號巴士站乘搭前往「鐘乳洞」(西東京)巴士，於終點下車後徒步 5 分鐘，車程約 35 分鐘，車費 ¥520。
(2) 星期六、日及假期：由 JR「奧多摩」駅前 1 號巴士站乘搭前往「東日原」(西東京)巴士，於終點下車後徒步 25 分鐘，車程約 27 分鐘，車費 ¥480。

符さん助您安排行程：

青 梅、御岳山及奧多摩同是 JR 青梅線的沿線景點，如打算同遊三地，建議安排三日兩夜的行程，慢慢享受遠離鬧市的輕鬆時光。如果只遊奧多摩，即日往返也可以。

JR武藏五日市駅。

武藏五日市駅周邊

1 秋川溪谷

～治癒心靈的世外桃源

五彩繽紛的草木裝點下的溪谷，美不勝收。

秋川是多摩川支流中最大的河流，從秋留野市延伸到檜原村的北秋川和南秋川約20公里的溪谷，隨季節變化的景色令人嘆為觀止。秋川溪谷被茂密樹葉所覆蓋，無論是夏天的深綠，又或是秋天的黃橙紅色，都與清澈的河水和岩石融合出美麗的畫面，令人陶醉。石舟橋是秋川溪谷的象徵，也是欣賞溪谷美景的絕佳位置。

石舟橋是遊客打卡熱點。

📍 東京都西多摩郡檜原村北秋川・秋川周辺一帶

🌐 http://www.akirunokanko.com/

📖 (1) 新宿駅→（立川駅）→拝島駅→武藏五日市駅（JR中央線・JR青梅線（青梅特快／快速）・JR五日市線，約57～65分鐘，¥820）

   (2) 由JR「武藏五日市」駅前1號巴士站乘搭前往「瀨音の湯経由上養沢」或「払沢の滝入口・藤倉・数馬」（西東京）巴士，於「十里木」下車後徒步3分鐘，車程約11分鐘，車費¥290。

西東京巴士：https://www.nisitokyobus.co.jp/rosen/pocket.html

站在石舟橋上環顧四周，溪谷美景映入眼簾。

② 秋川溪谷瀨音之湯

～享受四季風光的美肌の湯

秋川溪谷除了是賞景勝地之外，來到這裡也可以享受持備節目——日歸溫泉。越過石舟橋後再前行幾分鐘，就是「瀨音之湯」的所在地。這是一座能夠欣賞到四季自然美景的溫泉設施，館內設有室內浴池、露天風呂、日式餐廳和住宿小屋。瀨音之湯的泉水是從地下 1,500 米湧出的高鹼性溫泉，以「美肌の湯」廣受歡迎，在全國的「溫泉總選舉」的「滋潤肌膚類別」當中，連續三年高踞三甲，有獎有根據，所以人流持續旺盛。

門外設有免費足湯設施，任君享用。

- 📍 東京都あきる野市乙津565
- 📞 +81-42-595-2614
- 🕙 10:00-22:00
- 🅲 每年3月、6月、9月、12月的第二個星期三
- 💰 成人（中學生以上）¥900，小學生 ¥450
  （※ 逗留超過3小時，每小時額外收費成人 ¥200，小學生 ¥100）
- 🌐 http://www.seotonoyu.jp/
- 🚌 「十里木」巴士站徒步10分鐘。

③ 生涯青春の湯つるつる溫泉

由JR武藏五日市駅乘坐20分鐘巴士，來到登山客熱捧的「生涯青春の湯つるつる溫泉」。「つるつる」是「滑」的意思，終身青春又滑滑的溫泉，名字真的好。這裡有和風「美人の湯」與洋風「生涯青春の湯」兩個浴場，各有室內浴池、露天風呂及桑拿室，每日男女交替使用。鹼性的泉水無色透明無味無臭，據說對肌肉或關節的慢性疼痛很有療效。這個溫泉是御岳山至日の出山登山路線的終點站，所以登山客絡繹不絕。

（※ 登山路段步行時間：武藏御嶽神社→日の出山山頂（45分鐘）→つるつる溫泉（65分鐘）。前往武藏御嶽神社的方法可參考前頁御岳山的介紹。）

- 📍 東京都西多摩郡日の出町大久野4718
- 📞 +81-42-597-1126
- 🕙 10:00-20:00
- 🅲 每月第三個星期二
- 💰 成人 ¥860，小學生 ¥430
  （※ 逗留超過3小時，每小時額外收費 ¥220）
- 🌐 http://www.tsurutsuru-onsen.com/
- 🚌 由JR「武藏五日市」駅前3號巴士站乘搭前往「つるつる溫泉」（西東京）巴士，於終點下車，車程約20分鐘，車費 ¥410。

符さん助您安排行程：

前往JR武藏五日市駅需要在拜島駅轉乘「JR五日市線」。拜島駅與青梅、御岳山又奧多摩同是JR青梅線的沿線車站，可安排順遊行程。

神奈川縣

Kanagawa

神 奈川縣位於關東地區的西南部，東面鄰接東京都，南面是相模灣，西面則與山梨縣及靜岡縣為鄰，人口僅次於東京，在全國排行第二，縣內的觀光景點亦相當精彩。作為縣政府所在地的橫濱，市內的購物娛樂設施媲美東京。古都鎌倉的國寶大佛和歷史悠久的寺院，以及江之島的浪漫小島風情，都是湘南地區的魅力景點。箱根和湯河原擁有豐碩的自然資源，前者是人氣高企的溫泉鄉，後者是本地人鍾情的古老溫泉小鎮。在三浦市的城島和三崎港，走訪浪漫的戀愛燈塔，再吃一碗吞拿魚丼，滿載幸福而歸。

🌐 神奈川縣觀光情報：https://www.kanagawa-kankou.or.jp/

横 濱

Yokohama

橫濱市位於神奈川縣的東部，是縣內最大、最繁業的城市。於1859年作為港口開港之後，橫濱成為了外國人的聚居地，至今仍殘留著異國風情的建築和文化。90年代以後在橫濱港一帶陸續落成的各項設施，成功打造了集結購物、娛樂、商業及酒店等的港灣未來21地區（MM21），成為深受歡迎的觀光地。於2021年全新都市循環式纜車開始營運，在繁華的都市空中漫步成為話題，為橫濱寫下更精彩的一頁。

🚃 (1) 東京駅 → 横浜駅（JR横須賀線，約31分鐘，¥480）
　　(2) 渋谷駅 → 横浜駅（東急東横線，約27分鐘，¥280）

🌐 橫濱觀光情報：https://www.welcome.city.yokohama.jp/

市內交通時間（參考）：

JR
- 横浜駅 → 桜木町駅（JR京浜東北・根岸線 ，約3分鐘，¥140）
- 横浜駅 → 関内駅（JR京浜東北・根岸線 ，約5分鐘，¥140）
- 横浜駅 → 石川町駅（JR京浜東北・根岸線 ，約7分鐘，¥160）
- 横浜駅 → 新横浜駅（JR京浜東北・根岸線／横浜線 ，約14分鐘，¥170）

横浜市営地下鉄ブルーライン（Blue Line）
- 横浜駅 → 桜木町駅（湘南台方向，約3分鐘，¥210）
- 横浜駅 → 関内駅（湘南台方向，約5分鐘，¥210）
- 横浜駅 → 新横浜駅（あざみ野方向，約11分鐘，¥250）

みなとみらい線（Minato Mirai線）
- 横浜駅 → 新高島駅（約2分鐘，¥190）
- 横浜駅 → みなとみらい駅（約3分鐘，¥190）
- 横浜駅 → 馬車道駅（約5分鐘，¥190）
- 横浜駅 → 日本大通り駅（約7分鐘，¥220）
- 横浜駅 → 元町・中華街駅（約9分鐘，¥220）

YOKOHAMA AIR CABIN 運河公園駅（運河パーク駅）。

YOKOHAMA AIR CABIN

~日本初世界最新都市纜車

於 2021 年 4 月開始營運的 YOKOHAMA AIR CABIN，是日本最初的世界最新都市循環式纜車，連接 JR 櫻木町駅和新港地區的運河公園駅。纜車不但對遊覽 Yokohama Cosmoworld、杯麵博物館及紅磚倉庫等新港地區的人氣景點帶來方便，而且也可從高處俯瞰 MM21 地區的景觀，感受這城市的魅力，所以營運以來一直大受歡迎。此外，這纜車的另一亮點是由世界著名燈光設計師石井幹子監督燈光的設計，為橫濱的夜空打造出美麗璀璨的新景象。

YOKOHAMA AIR CABIN 櫻木町駅。

📍 神奈川県横浜市中区新港 2-1-2
📞 +81-45-319-4931
🕙 10:00-21:00；星期六、日及假期通常 10:00-22:00
🅲 年中無休（定期檢查設施除外）
💲 單程收費：成人（中學生以上）¥1,000，3 歲至小學生 ¥500
　　來回收費：成人（中學生以上）¥1,800，3 歲至小學生 ¥900
🌐 https://yokohama-air-cabin.jp/
🚃 JR「桜木町」駅（東口）徒步 1 分鐘。

可以在繁榮熱鬧的城市空中漫步，感覺很新奇，很興奮。

纜車單程需時 5 分鐘，全長 630 米，最高離地面 40 米，最多有 36 卡車廂同時運行，每卡車廂最多可容納 8 人，但職員一般以團體為單位，即使我一人也獨享一個車廂。

② LANDMARK TOWER

~ MM21 地區的地標

於 1993 年開業的 LANDMARK TOWER，是 MM21 地區的地標而廣受歡迎的綜合設施。高達 70 層的大樓內，包括有各式購物商店、飲食餐廳、大型酒店及觀景台等。位於 69 樓的 Sky Garden，是距離地面有 273 米高的觀景台，可以 360 度將橫濱市的全景盡收眼底，特別是夜景最是迷人。

📍 神奈川県横浜市西区みなとみらい 2 丁目 2－1

📞 +81-45-222-5015

🕐 11:00-20:00；餐廳 11:00-22:00；みらい横丁 11:00-23:00

🌐 https://www.yokohama-landmark.jp/

🚉 みなとみらい線「みなとみらい」駅徒步 3 分鐘 / JR・市営地下鉄「桜木町」駅徒步 5 分鐘

Sky Garden

🕐 10:00-21:00；星期六、假期前或特別日子延長至 22:00

C 年中無休

💰 成人 ¥1,000，65 歲以上 ¥800，小 / 中學生 ¥500，幼兒（4 歲以上）¥200

LANDMARK TOWER 是 MM21 地區最高的建築物。

Sky Garden 是擁有四面巨型玻璃窗的觀景台，不但可以俯瞰港口船隻及街道容貌，天晴時還能遠眺富士山的美景。

3 Queen's Square 橫濱

位於 LANDMARK TOWER 旁邊的 Queen's Square 橫濱，是みなとみらい駅直達的綜合商業設施，包括擁有 120 間時裝、雜貨、美食等店舖、音樂廳、辦公室大樓及酒店等。

📍 神奈川県横浜市西区みなとみらい 2 丁目 3
📞 +81-45-682-0109
🕐 商店 11:00-20:00；餐廳 11:00-22:00
🅲 年中無休
🌐 https://qsy-tqc.jp/
🚇 みなとみらい線「みなとみらい」駅下車即到達／JR・市営地下鉄「桜木町」駅徒步 8 分鐘。

4 MARK IS Minatomirai

作為 MM21 地區最大的商業設施，MARK IS Minatomirai 匯集了 190 間各式店舖及美食餐廳，可以買個痛快。

📍 神奈川県横浜市西区みなとみらい三丁目 5 番 1 号
📞 +81-45-224-0650
🕐 商店及美食廣場 10:00-20:00（星期五、六、日及公眾假期前一天 10:00-21:00）；餐廳 11:00-23:00（各店有異）
🅲 年中無休
🌐 https://www.mec-markis.jp/mm/
🚇 みなとみらい線「みなとみらい」駅下車即到達／JR・市営地下鉄「桜木町」駅徒步 8 分鐘。

5 橫濱麵包超人兒童博物館

剛強善良的正義英雄麵包超人，自1988年被製作成電視動畫登場之後，隨即成為了小朋友的偶像，甚至也深得童心未泯的成年人喜愛。現時全國共有5間麵包超人博物館，分佈於橫濱、仙台、名古屋、神戶及福岡。橫濱這間分館最初於2007年開館，而在2019年7月則遷移至同在MM21地區的現址，繼續賣現小朋友進入麵包超人世界的夢想。新館一樓共有14間免入場費的紀念品商店及飲食餐廳；二樓則是售票處；三樓便是需要收費的設施。

📍 神奈川県横浜市西区みなとみらい 6-2-9
📞 +81-45-227-8855
🕙 10:00-17:00；商店及飲食餐廳 10:00-18:00
🅲 1月1日
💴 1歲以上 ¥2,200 至 ¥2,600（疫情下實施網上預約制）
🌐 https://www.yokohama-anpanman.jp/
🚇 みなとみらい線「新高島」駅（3號出口）徒步3分鐘／JR「横浜」駅（東口）徒步10分鐘。

6 YOKOHAMA Cosmo World

～世界一の時鐘摩天輪

Cosmo World 是 MM21 地區極受歡迎的遊樂場，分為三個區域，共有 30 多種機動遊戲和各種特色主題的設施，無論是大人和小孩都能狂歡一番的開心地。當中最具話題的大型摩天輪「Cosmo Clock 21」，高度有 112.5 米，能容納 480 人，是世界上最大的附設時鐘功能的摩天輪，在 15 分鐘的空中漫遊之旅中，日間能飽覽壯麗的 360 度全景，晚上又可欣賞金光閃閃的醉人夜景。遊樂場是免費入場，遊戲設施則個別收費。

- 📍 神奈川県横浜市中区新港 2 丁目 8－1
- 📞 +81-45-641-6591
- 🕐 11:00-21:00
  （星期六、日及公眾假期至 22:00）
- C 通常星期四或星期三（請瀏覽網站）
- 💰 入場免費；摩天輪 ¥900；
  其他機動遊戲另設不同收費
- 🌐 http://cosmoworld.jp/
- 🚇 みなとみらい線「みなとみらい」駅徒步 2 分鐘／YOKOHAMA AIR CABIN「運河パーク」駅徒步 5 分鐘／JR・市営地下鉄「桜木町」駅徒步 10 分鐘。

從 Queen's Square 橫濱俯瞰的遊樂場全景。

7 WORLD PORTERS

~ 洋溢夏威夷風情

位於 Cosmo World 旁邊的 WORLD PORTERS，是以夏威夷小鎮風格打造的大型綜合設施。在樓高六層的建築內，擁有 160 多間來自世界各地品牌的商店和美食餐廳外，五樓還設有戲院，是能享受熱帶風情的消閒娛樂購物之地。

📍 神奈川県橫浜市中区新港 2 丁目 2 − 1
📞 +81-45-222-2000
🕙 10:30-21:00；餐廳 11:00-23:00（各店有異）
🅲 年中無休
🌐 https://www.yim.co.jp/
🚃 みなとみらい線「みなとみらい」駅
徒步 5 分鐘／YOKOHAMA AIR CABIN
「運河パーク」駅徒步 2 分鐘／JR・
市営地下鉄「桜木町」駅徒步 10 分鐘。

8 CUPNOODLES MUSEUM 橫濱
（安藤百福發明紀念館）

安藤百福 (1910-2007) 先生是日清食品的始創人，他分別於1958年及1971年研發了世界上最初的即食麵及杯麵，對世界各地的飲食文化革新有一定的影響力。於1999年落成的第一座 CUPNOODLES MUSEUM，選址在安藤百福先生居住的大阪池田市；2011年為紀念杯麵誕生40周年，第二座博物館在橫濱面世。

CUPNOODLES MUSEUM 橫濱位於WORLD PORTERS對面，是一個體驗型的紀念博物館。館內介紹著即食麵的誕生和發展進程，以及安藤百福先生的生平事跡和創意思維等。而最有趣味的莫過於可以讓訪客製作獨一無二的杯麵，是館內長年大人氣的體驗活動。此外，雞湯即食麵的體驗工房亦很受歡迎。

📍 神奈川県横浜市中区新港 2-3-4

📞 +81-45-345-0918

🕐 10:00-18:00

📅 星期二（公眾假期則順延至翌日）及年末年始

🎫 成人 ¥500，中學生以下免費

🌐 https://www.cupnoodles-museum.jp/ja/yokohama/

🚉 みなとみらい線「みなとみらい」駅・「馬車道」駅徒步8分鐘／YOKOHAMA AIR CABIN「運河パーク」駅徒步5分鐘／JR・市営地下鉄「桜木町」駅徒步12分鐘。

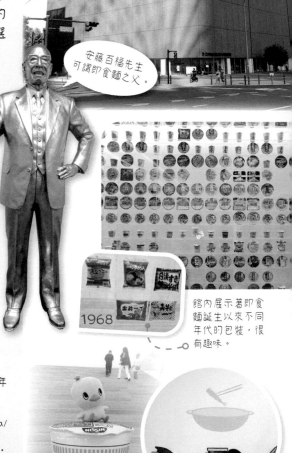

安藤百福先生可謂即食麵之父。

1968

館內展示著即食麵誕生以來不同年代的包裝，很有趣味。

透過有趣的玩意來啟發思維，很受小朋友歡迎。

製作獨一無二的杯麵

首先在自動售賣機以￥500購買專用的麵杯，其後消毒雙手。

然後自由創作，設計杯麵的外觀。

再將麵轉入杯中。

選擇自己喜愛的湯料和4種配料。

最後將包裝後充氣後，大功告成。

將杯麵封蓋及封膠。

9 MARINE & WALK YOKOHAMA

於 2016 年開幕的 MARINE & WALK YOKOHAMA，位處 CUPNOODLES MUSEUM 與紅磚倉庫的中間，是擁有美國西海岸風格的開放式購物中心，約有 28 間店鋪，包括服裝、精選雜貨、咖啡店和餐廳。雖然施設規模不大，但比其他商場較為寧靜舒適。

📍 神奈川県横浜市中区新港 1 丁目 3-1
📞 +81-45-680-6101
🕐 11:00-20:00；餐廳 11:00-23:00
🅒 年中無休
🌐 https://www.marineandwalk.jp/
🚉 みなとみらい線「馬車道」駅（6 號出口）徒步 9 分鐘／YOKOHAMA AIR CABIN「運河パーク」駅徒步 6 分鐘／JR・市営地下鉄「桜木町」駅徒步 15 分鐘。

10 紅磚倉庫
~ 橫濱人氣景點

歷 經百年歲月仍能保存昔日風貌的紅磚倉庫，包括有 1 號倉庫及 2 號倉庫兩座建築物，分別於 1913 年和 1911 年落成。於 2002 年開始，紅磚倉庫被善用為文化藝術和商業設施，1 號倉庫主要是舉辦各種活動的展覽及表演空間，而 2 號倉庫則有各式購物商店和飲食餐廳。於 2022 年 12 月，這裡進行了大規模的裝修工程後重新開業，在 60 多間店鋪中有 25 間是全新進駐的商店。紅磚倉庫近海非常舒適，能眺望橫濱港灣大橋及大棧橋的風景，活動廣場和紅磚公園亦有充裕的空間感，所以一直是橫濱的熱門景點。

📍 神奈川県横浜市中区新港 1 丁目 1-1
📞 +81-45-211-1515（1 號館）／ +81-45-227-2002（2 號館）
🕐 1 號館 10:00-19:00；2 號館 11:00-20:00/21:00；餐廳部分至 23:00
🅒 原則無休（各店有異）
🌐 https://www.yokohama-akarenga.jp/
🚉 みなとみらい線「日本大通り」駅徒步 6 分鐘／ YOKOHAMA AIR CABIN「運河パーク」駅徒步 6 分鐘／JR・市営地下鉄「桜木町」駅／「関内」駅徒步 15 分鐘。

11 山下公園

面向橫濱港的山下公園，是透過收集關東大地震的瓦礫而建造的海濱公園，自1930年開放以來，一直是非常受歡迎的休憩勝地。在山下公園可以悠閒地欣賞散落在園內各處的著名雕刻之外，繽紛色彩的花景亦賞心悅目。玫瑰是橫濱市的市花，山下公園就種植了約160品種共1,900株玫瑰，每年春秋兩季，這裡的「未來玫瑰園」都有許多玫瑰綻放，是橫濱市具有象徵性的玫瑰園。

在日印度人協會贈送的「印度水塔」。

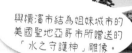

📍 神奈川県横浜市中区山下町279
🕐 24小時
🚇 みなとみらい線「元町・中華街」駅（4號出口）徒步3分鐘。

與橫濱市結為姐妹城市的美國聖地亞哥市所贈送的「水之守護神」雕像。

12 日本郵船冰川丸

停泊在山下公園前面橫濱港的冰川丸，是一艘客貨郵輪，於1930年4月啟航後，主要往返日本和美國西雅圖航線。冰川丸早於1960年已退役，由於歷經波濤洶湧的海洋歷史航程，所以得以保留至今，並開放讓公眾參觀。作為唯一僅存的日本戰前建造客貨船，冰川丸於2016年被指定為國家重要文化財產。

📍 神奈川県横浜市中区山下町山下公園地先
📞 +81-45-641-4362
🕐 10:00-17:00
📅 星期一（公眾假期則順延至翌日）
🎫 成人￥300，65歲以上￥200，小／中學生￥100
🌐 https://hikawamaru.nyk.com/
🚇 みなとみらい線「元町・中華街」駅（4號出口）徒步3分鐘。

13 橫濱玩偶之家
（橫濱人形の家）

於 1986 年開館的橫濱玩偶之家，是日本唯一一座以玩偶展覽為主題的博物館。館內收藏了來自超過 100 個國家、多達 10,000 件各式各樣的玩偶，透過展品可讓參觀者接觸到世界各地的風俗文化和歷史，擴闊眼界。博物館不但吸引小孩、少女們到訪，對玩偶情有獨鍾的成年人亦喜愛到此。除了常設展覽品外，亦經常會舉辦不同專題的展覽和劇場。館內還設有商店和咖啡店。

📍 神奈川県横浜市中区山下町 18
📞 +81-45-671-9361
🕐 9:30-17:00；商店 10:00-17:00；Café 11:00-19:00
📅 星期一（公眾假期則順延至翌日）及年始年末
💰 成人 ¥400、小／中學生 ¥200
🌐 https://www.doll-museum.jp/
🚇 みなとみらい線「元町・中華街」駅（4 號出口）徒步 3 分鐘。

14 橫濱中華街

橫濱、神戶和長崎的中華街，是日本三大中華街。自 1859 年橫濱開港後，許多外國人來到橫濱，包括中國人也前來營商，隨著中國人的增多就逐漸形成了中華街。橫濱中華街是世界上最大規模的中華街之一，在東南西北四個方向圍繞著十座根據風水而建造的「牌樓」，也建有「關帝廟」和「媽祖廟」，中華料理店及各式商店多達 600 多間，隨處都感受到濃厚的中國風。

橫濱媽祖廟。

📍 神奈川県横浜市中区山下町　🕐 各店有異　📅 各店有異　🌐 https://www.chinatown.or.jp/
🚇 みなとみらい線「元町・中華街」駅徒步 1 分鐘／ JR「石川町」駅徒步 5 分鐘。

15 元町商店街

～ 漫步異國風情的街道

在橫濱開港的時候，這裡聚集了許多接待外國人的商店，久而久之逐漸發展成散發著歐陸情調的商店街，街道兩旁有時裝、雜貨、咖啡和餐廳等店舖，是可以盡情享受異國風情的地方。

- 📍 神奈川県橫浜市中区元町
- 🕐 各店有異
- 🅒 各店有異
- 🌐 https://www.motomachi.or.jp/
- 🚃 みなとみらい線「元町・中華街」駅（元町口）即到達／JR「石川町」駅（元町口）徒步2分鐘

16 港の見える丘公園

～ 橫濱著名的玫瑰園

位於小山丘上的港の見える丘公園，從展望台能俯瞰山下風光和橫濱灣大橋的絕佳景色，十分浪漫。橫濱在開港時曾是外國人的聚居地，昔日有英國和法國的軍隊駐紮在山上及山下，所以至今仍保留了英法的建築和氛圍。公園內的英式玫瑰園，是橫濱最著名的玫瑰園之一，園內合共栽種了 330 個品種約 1,950 株玫瑰及其他品種的植物，四季都能看到燦爛的花姿。觀賞玫瑰的最佳時間是5月中旬至6月中旬和10月中旬至11月中旬。

- 📍 神奈川県橫浜市中区山手町 114
- 🕐 24 小時
- 🚃 みなとみらい線「元町・中華街」駅（6號出口）徒步5分鐘

公園內的展望台。

從展望台可眺望橫濱港灣大橋的景色。

在沈床花壇（香りの庭）內，主要種植了 100 多個品種的玫瑰，也有少量其他花卉，四季都有鮮花綻放。

17 新橫濱拉麵博物館
（新橫濱ラーメン博物館）

於1994年開館的新橫濱拉麵博物館，在全國各地挑選了多間拉麵店，並以1958年（昭和33年）即食麵面世的年代為場景，讓顧客可以在懷舊氣氛之中，品嘗各地拉麵的獨特風味。於2019年為慶祝開館25周年，博物館在一樓增設展覽及體驗區，冀望向世界廣傳日本拉麵的文化和歷史。現時館內共有7間拉麵店、喫茶店、居酒屋和菓子店等；而拉麵製作體驗活動每日舉辦4場，必須事前網上預約。

在一樓的展區，可以看到日本各地的立體拉麵地圖和各種與拉麵相關的商品。

📍 神奈川県横浜市港北区新横浜2-14-21
📞 +81-45-471-0503
🕐 11:00-21:00；星期日及假期10:30-21:00
🚫 年末年始（12月31日至1月1日）
💰 成人￥380，小／中學生及60歲以上￥100（拉麵製作體驗￥4,000）
🌐 https://www.raumen.co.jp/
🚇 橫浜市營地下鉄「新横浜」駅（8號出口）徒步1分鐘／JR「新横浜」駅徒步約5分鐘。

穿梭充滿昭和氣圍的小店選購懷舊的零食，重拾了童真。

各拉麵店集中在B2樓，看看門前的人流就知道那間店鋪最受歡迎了！

18 LaLaport 橫濱

（ららぽーと橫濱）

於 2007 年開業的 LaLaport 橫濱，曾在 2013 年及 2019 年兩度進行過大規模的店舖更新，現在擁有 270 間各式商店，集結時裝、雜貨、美食、遊戲中心及電影院於一身，是神奈川縣內比較大型的購物娛樂中心。LaLaport 橫濱位處在鴨居駅附近，距離橫浜駅只須 20 分鐘 JR 車程，也比橫濱駅周邊的商場少人，不失為購物消閒的好地方。

Dining STREET

📍 神奈川県橫浜市都筑区池辺町 4035 − 1

📞 +81-45-931-1000

🕐 10:00-20:00 ／美食廣場 11:00-20:00 ／餐廳 11:00-21:00；星期六、日及假期 10:00-21:00 ／美食廣場 10:30-22:00 ／餐廳 10:30-22:00

Ⓒ 年中無休

🌐 https://mitsui-shopping-park.com/lalaport/yokohama/

📖 JR「鴨居」駅（北口）徒步 7 分鐘。
　※ JR 橫浜駅 → JR 鴨居駅（JR 京浜東北・根岸線／橫浜線，約 19 分鐘，¥220）

⑲ 三溪園
～ 國家風景名勝

三溪園是由橫濱的富商原三溪所建造的日式庭園。佔地約 17 萬 5 千平方米的廣闊庭園分為兩個部分，包括在 1906 年對外公開的外苑，以及原三溪先生作為私人庭園的內苑。園內散佈著從京都和鎌倉遷移至此共 17 棟歷史建築物，當中 10 棟被指定為重要文化財產。這裡還栽種了許多樹木花草，睡蓮、梅花、櫻花和紅葉等四季的自然景觀，映襯著古老建築別具風味，於 2007 年被指定為國家風景名勝。

三溪園的大池，有著清幽恬靜的風情。

📍 神奈川県横浜市中区本牧三之谷 58－1

📞 +81-45-621-0634

🕘 9:00-17:00

🅲 12 月 29 日至 31 日

💲 成人 ¥700，小／中學生 ¥200

🌐 https://www.sankeien.or.jp/

🚌 (1) 由 JR「橫浜」駅東口 2 號巴士站乘搭「8・168 系統」市營巴士，於「三溪園入口」下車後徒步 5 分鐘，車程約 40 分鐘，車費 ¥220。(由 JR「桜木町」駅前 2 號巴士站或由「元町・中華街」駅 4 號出口的山下町巴士站上車則需時分別為 28 分鐘及 15 分鐘。) 巴士時間表：https://www.city.yokohama.lg.jp/kotsu/。

(2) 逢星期六、日及假期可在 JR「橫浜」駅東口 2 號巴士站乘搭「ぶらり三溪園 BUS」，於「三溪園」下車，車程約 36 分鐘，車費 ¥220。(由 JR「桜木町」駅前 2 號巴士站上車則需時 26 分鐘。) 巴士時間表：https://www.sankeien.or.jp/access/。

建於 1649 年的臨春閣，是紀州德川家初代藩主賴宣在和歌山修建的別墅建築。

建於 1591 年的舊天瑞寺壽塔覆堂，據說是豐臣秀吉在京都大德寺為祈願母親長壽而建造。

原位於京都伏見城內的月華殿，建於 1603 年，曾用作諸侯入城時等候宣見的場所。

建於 1623 年的聽秋閣，據說原位於京都二條城內，源自於德川家光春日局的樓閣建築。

舊燈明寺三重塔是建於 1457 年的室町時代，原位於京都木津川市燈明寺內，是關東地區最古老的木造塔。

建於 1457 年的舊燈明寺本堂與三重塔一樣，由京都燈明寺遷移至此。

舊矢篦原家住宅是岐阜縣白川鄉的合掌造建築，建造年代為江戶時代後期，是現存合掌造中最高尚的民宅。

三溪園的古建築很精彩，如果逛得有點累，園內有幾間茶屋，可稍作歇息。

101

⓴ 三井OUTLET PARK 横濱 BAYSIDE

（三井アウトレットパーク横濱ベイサイド）

於 2020 年 6 月以全新面貌開幕的三井 OUTLET PARK 横濱 BAYSIDE，以 "NEW MARINA LIFE" 為設施概念，善用接近海濱的優越環境，讓顧客可以在購物和用餐的同時，也可看到海濱景色，提高生活的質素和舒適度。重建後的店鋪數量由以往 80 間增至 172 間，當中不乏來自世界各地的高級品牌和知名的餐廳。在設施的中心，特意設計一個綠意盎然的空間，讓顧客可以度過最美好的時光。

📍 神奈川県横浜市金沢区白帆 5 - 2
📞 +81-45-775-4446
🕙 10:00-20:00；美食廣場 10:30-21:00；餐廳 11:00-21:00
🆑 不定休
🌐 https://mitsui-shopping-park.com/mop/yokohama/
🚃 シーサイドライン (Seaside Line)「鳥浜」駅徒歩五分鐘。
※ 横浜駅→新杉田駅→鳥浜駅（JR 京浜東北・根岸線／ Seaside Line，約 30 分鐘，¥490）

21 橫濱・八景島
SEA PARADISE
（橫濱・八景島シーパラダイス）

於 1993 年開幕的橫濱・八景島 SEA PARADISE，建在橫濱海灣一個人工島上，是以「海、島和生物」為主題的樂園。島上包括有四個不同主題的水族館、機動遊戲、各種設施組成的遊樂園，還有很多美食餐廳和購物商店，是享受家庭樂和情侶拍拖的好去處。八景島是免費入場，參觀水族館和使用遊樂設施才需付費。

島內共有四個水族館設施，圖為 Aqua Museum 及 Dolphin Fantasy。

遊樂園設施也有很多選擇，
小朋友和大人都能盡興。

馬內環境舒適，飲食餐廳
和商店也一應俱全。

📍 神奈川県横浜市金沢区八景島

📞 +81-45-788-8888

🕐 開島時間
平日 8:30-21:30；星期六、日 8:30-22:30 /

Aqua Museum 及 Dolphin Fantasy
平日 10:00-17：00；星期六、日 10:00-19:30 /

Pleasure Land
平日 11:00-17：00；星期六、日 10:00-19:30 /

Bay Market
平日 10:00-17：30；星期六、日 10:00-20:00 /

Restaurant Plaza
平日 11:00-17：15；星期六、日 11:00-19:45
（※ 開放時間經常變更，請瀏覽網站確認）

Ⓒ 年中無休

💲 入島免費，各項設施需付費，亦可選擇各種套票

1 Day Pass（水族館＋遊樂園）
成人 ¥5,600，65 歲以上及小 / 中學生 ¥4,000，
幼兒（4 歲以上）¥2,300

樂園 Night Pass（16:00～）（水族館＋遊樂園）
成人 ¥3,550，65 歲以上及小 / 中學生 ¥2,300，
幼兒（4 歲以上）¥1,750

1 Day 水族館 Pass
成人 ¥3,300，65 歲以上 ¥2,800，小 / 中學生 ¥2,000，
幼兒（4 歲以上）¥1,000

水族館 Night Pass（16:00～）
成人 ¥2,600，65 歲以上 ¥2,150，小 / 中學生 ¥1,500，
幼兒（4 歲以上）¥700

1 Day Pleasure Land Pass（遊樂園）
成人 ¥3,200，65 歲以上及小 / 中學生 ¥2,750，
幼兒（4 歲以上）¥1,650

🌐 http://www.seaparadise.co.jp/

🚉 シーサイドライン（Seaside Line）「八景島」駅
下車即到達。

※ 橫浜駅 → 新杉田駅 → 八景島駅（JR 京
浜東北・根岸線 / Seaside Line ，約 48 分
鐘，¥540）

22 金沢動物園

金沢動物園位於鬱鬱蔥蔥的金沢自然公園內，是一個以草食動物為主題的動物園。園內是根據動物的原始棲息地分為美洲、歐亞大陸、大洋洲和非洲四大區域，飼養著約50種世界上較為稀少的動物，包括有印度犀牛、印度象、阿拉伯羚羊、長頸鹿、長臂猿、袋鼠等。遊客還可以與可愛的小馬、山羊等親密接觸，餵飼體驗更是大人氣的活動。這裡擁有豐碩的自然景觀，隨著季節變化可欣賞到櫻花、繡球花、秋櫻、水仙、梅花等多種花卉，走到展望台上全年都能俯瞰八景島、東京灣等美景。

- 📍 神奈川県横浜市金沢区釜利谷東5丁目15－1
- 📞 +81-45-783-9100
- 🕐 9:30-16:30
- 🅒 星期一（公眾假期則順延至翌日）及12月29日至1月1日（5月及10月不休息）
- 💴 成人 ¥500，小／中學生 ¥200，6歲以下免費
- 🌐 https://www.hama-midorinokyokai.or.jp/zoo/kanazawa/
- 🚃 (1) 由京急本線「金沢文庫」駅西口1號巴士站乘搭前往「野村住宅センター」京急巴士，於「夏山坂上」下車後徒步6分鐘，車程約10分鐘，車費 ¥200。

  (2) 逢星期六、日及假期可在「金沢文庫」駅西口1號巴士站乘搭前往「金沢動物園」京急巴士（急行），於終點站下車，車程約10分鐘，車費 ¥200。

  ※ 横浜駅 → 金沢文庫駅
  （京浜急行本線（快特），約15分鐘，¥290）

  京急巴士時間表：
  http://timetablenavi.keikyu-bus.co.jp/。

符さん助您安排行程：

横濱市景點眾多，一天真的玩不完。不過由東京市中心來橫濱，車程只不過半小時而已，交通費也不貴，喜歡可以玩足一天，有空又來玩多半天，安排上可以很彈性。

川崎
Kawasaki

川崎市藤子‧F‧不二雄博物館
（川崎市藤子‧F‧不二雄ミュージアム）

藤 子‧F‧不二雄（1933－1996）原名藤本弘，於富山縣高岡市出生，與小學時認識的安孫子素雄於 1954 年一同前往東京當職業漫畫家，二人以筆名「藤子不二雄」創作了許多作品，《Q太郎》便是他們成名之作。於 1987 年二人決定拆夥，安孫子素雄的筆名改為藤子不二雄Ⓐ，而藤本弘則以藤子‧F‧不二雄之名繼續漫畫創作。

家 喻戶曉的《多啦A夢》就是藤子‧F‧不二雄的個人作品，雖然他近世多年，但《多啦A夢》至今一直長存於世。為了回饋支持丈夫作品的孩子們，藤子F老師的太太協助他們生活了多年的川崎市，於 2011 年創立了「藤子‧F‧不二雄博物館」，並選擇在《多啦A夢》9 月 3 日生日那天隆重開幕。樓高三層的博物館設施很多，包括可以觀賞到許多作品原稿的展覽室、藤子F老師工作室、影院、遊戲廣場、露天花園、餐廳和紀念品店等等，總之是可以讓人投進了多啦A夢的世界裡，人人期望可達到，我的快樂比天高，不願離開。

博 物館的門票是完全預約制，必須事前在 LAWSON 便利店內的 Loppi 自動售賣機購買指定入場時間的門票，博物館不設售票服務。

這裡的餐廳非常受歡迎，皆因各款美食賣相都很精緻誘人。適逢開館10周年來到，不能不在此吃一餐，開心一番。卡娃依漢堡 ¥1,450，咖啡 ¥650。

二樓設有遊戲廣場和舒適的漫畫區。

想看胖虎一面，那就需要用力拉下手把，將井底之虎升高。

在三樓的露天花園，是超人氣的打卡熱點。

登戶駅前（生田綠地口）的巴士站。

想留住快樂的時光，可到一樓的紀念品店選購心頭好。

直行巴士都有多款顏色和圖案。

📍 神奈川県川崎市多摩区長尾2丁目8-1
📞 +81-570-055-245
🕐 10:00-18:00
🅒 通常星期二休息（詳情請瀏覽網站）
🎫 成人 ¥1,000，中學生 ¥700，小童（4歲以上）¥500
🌐 http://fujiko-museum.com/
📖 由JR・小田急「登戶」駅前乘搭「藤子・F・不二雄ミュージアム」直行巴士，車程約9分鐘，車費約¥220。巴士時間：http://fujiko-museum.com/#sec-access。
※ 新宿駅 → 登戶駅（小田急小田原線（快速急行），約16分鐘，¥260）

鎌倉
Kamakura

鎌倉是日本第一個武士政權誕生的特殊地方，800 年前開啟的鎌倉幕府，令鎌倉僅次於京都、奈良，成為日本三大古都之一，有著重要的歷史地位。鎌倉市三面環山，南面朝向相模灣，依山傍海，自然風光怡人。在這個厚重歷史和文化的古都之中，坐落了許多神社和佛寺，如國寶鎌倉大佛、鶴岡八幡宮和圓覺寺等，都是鎌倉時代的珍貴遺產。在鎌倉駅前的小町通り，特色商店林立，全年人山人海，是不能不逛之地。

🚃 (1) 東京駅 → 鎌倉駅（JR 橫須賀線，約 55~60 分鐘，¥940）
　　(2) 池袋駅／新宿駅／渋谷駅 → 鎌倉駅（JR 湘南新宿ライン，約 53~64 分鐘，¥940）
🌐 鎌倉市觀光協會：https://www.trip-kamakura.com/

江ノ島駅。

江之島電鐵

江之島電鐵簡稱江之電,行駛鎌倉至藤沢之間共15個車站,全程需時34分鐘,班次頻密,非常方便。江之電途經的長谷駅、江ノ島駅等,都是遊覽鎌倉和江之島主要景點的下車站,加上沿途可以欣賞湘南海岸的明媚風光,所以很受歡迎,經常擠滿大量乘客。

鎌倉駅。

- 單程車費:成人 ¥200 至 ¥310,小童 ¥100 至 ¥160
  一日乘車券:成人 ¥800,小童 ¥400
  (憑券可享部分景點門票及商店購物的折扣優惠)
- 購買地點:可在江之電全線車站售票機購買
- https://www.enoden.co.jp/

江之島・鎌倉周遊券

如打算即日往返江之島和鎌倉,可選擇由小田急電鐵推出一天有效的「江之島・鎌倉周遊券」。此券包括乘搭小田急電鐵由新宿出發至藤沢的來回車票(各限用一次)、無限乘搭江之電(藤沢至鎌倉)及小田急線(藤沢至片瀬江ノ島)。此外,憑券也可以享有部分景點門票及商店購物的折扣優惠。

- 新宿出發 成人 ¥1,640,小童 ¥430;
  藤沢出發 成人 ¥810,小童 ¥410
- 購買地點:可在新宿小田急旅遊服務中心或小田急線各車站的售票機購買
- https://www.odakyu.jp/tc/passes/

1 鎌倉小町通り

從 JR鎌倉駅東口步出,隨即見到一個紅色鳥居,是前往鶴岡八幡宮的近道,也就是小町通り的入口。小町通り是鎌倉首屈一指的商店街,在全長約350米的街道兩旁盡是鎌倉的特色商店,無論服裝、生活雜貨、首飾精品、特產手信、老字號咖啡店、甜品美食等,應有盡有,經常被電視台和雜誌採訪,因此總是熙熙攘攘,長年人氣高企。

📍 神奈川縣鎌倉市小町
🌐 http://www.kamakura-komachi.com/
🚉 JR「鎌倉」駅(東口)徒步約2分鐘。

2 鶴岡八幡宮
~鎌倉的信仰中心

在 鎌倉幕府前,鎌倉一帶是源氏的領土。於1063年,武將源賴義平定叛亂後,在由比濱創立了鶴岡八幡宮,供奉從京都石清水八幡宮勸請而來的神明分靈。於1180年,源氏後代源賴朝將神社從由比濱遷到現址,八幡神成為了源氏的守護神。其後源賴朝建立了鎌倉幕府,鎌倉就成為了政治中心,鶴岡八幡宮亦一直守護著鎌倉的發展,並深得許多人的崇敬。如今境內還會舉行放生會、流鏑馬和舞樂等活動,將幕府的重要祭典傳承至今。

參道的大石階是鶴岡八幡宮的象徵,步上石階後便可以盡覽鎌倉的城市風貌。

八 幡宮的朱紅色建築非常美麗,源平池和神苑牡丹庭園等自然景觀也令人賞心悅目,作為鎌倉的象徵之一,造訪客長年絡繹不絕。

本宮供奉著主祭神八幡三神:應神天皇、比賣神及神功皇后。細心一看,本宮匾額上的「八」字,是由兩隻鳩所組成。

📍 神奈川縣鎌倉市雪ノ下2-1-31
📞 +81-467-22-0315
🕐 4月至9月 5:00-21:00;10月至3月 6:00-21:00
🅲 年中無休
💴 免費
🌐 http://www.hachimangu.or.jp/
🚉 JR「鎌倉」駅(東口)徒步約10分鐘。

源平池在春天有櫻花盛開,夏天也有蓮花綻放,環境清幽悅目。

3 鎌倉大佛殿高德院
~鎌倉最具代表性の國寶

位於鎌倉長谷的高德院，屬淨土宗的寺院。境內供奉著的阿彌陀如來大佛，是鎌倉的象徵，遊客必訪的景點。這座由青銅鑄造的鎌倉大佛建於1252年，連台座全高約13米，重約121噸，最初被安放在佛殿內，但後來佛殿多次遭受颱風和海嘯襲擊後倒塌，室町時代後期就成為露天獨坐的大佛。大佛的內部可供參觀，遊客只需付上 ¥20，便可走進大佛觀賞內部結構，了解750年前的鑄造技術，確實大開眼界。（因應新冠疫情，或會暫停開放內部參觀。）

- 📍 神奈川県鎌倉市長谷4丁目2－28
- 📞 +81-467-22-0703
- 🕐 8:00-17:30；10月至3月 8:00-17:00
- 🆑 年中無休
- 💰 成人（中學生以上）¥300，小學生 ¥150
- 🌐 https://www.kotoku-in.jp/
- 🚉 由「鎌倉」駅乘搭「江ノ電」，於「長谷」駅下車後徒步7分鐘，車程4分鐘，車費 ¥200。

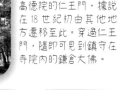

高德院的仁王門，據說在18世紀初由其他地方遷移至此。穿過仁王門，隨即可見到鎮守在寺院內的鎌倉大佛。

大佛背部有兩個窗，可透光入佛體內。

在大佛的右側可以看到懸掛著一雙長達1.8米的大草鞋。這雙大草鞋最初在1951年由茨城縣久慈郡的一群孩子們編織，他們希望佛陀能夠穿上草鞋，走遍日本，讓國民得福。自1956年至今，茨城縣的孩子們每三年都會製作一次大草鞋贈予寺院更換，將這祈願延續下去。

④ 長谷寺

觀音堂最早建於736年，曾經歷多次重建，現在的觀音堂是在1986年落成，內裡供奉著十一面觀世音菩薩。

～日本最大級木雕觀音像

長谷寺自古以來又被稱為「長谷觀音」，是鎌倉最古老的寺院之一。相傳在721年，奈良縣有兩尊以同一株神木雕刻而成的觀音像，一尊被供奉在奈良長谷寺內，另一尊被放入海中，讓觀音菩薩漂往有緣之地。15年後，觀音像出現在神奈川縣，於是就在736年建立了鎌倉長谷寺，供奉這尊「十一面觀世音菩薩像」。觀音像高達9.18米，是日本最大的木雕觀音像。長谷寺四季均有不同花卉盛開，當中以繡球花最具名氣，每年六月約40品種共2,500棵繡球花同時綻放，令賞花客蜂擁而來，非常熱鬧。此外，長谷寺的可愛地藏有著治癒身心的魅力，亦極受遊客喜愛。

繡球花是長谷寺中最受歡迎的花卉。

從見晴台可以一覽鎌倉的市貌和海灣的風光。

- 📍 神奈川縣鎌倉市長谷 3-11-2
- 📞 +81-467-22-6300
- 🕐 8:00-17:00；4月至6月 8:00-17:30
- Ⓒ 年中無休
- 💲 成人 ¥400，小學生 ¥200
- 🌐 https://www.hasedera.jp/
- 🚃 江ノ電「長谷」駅下車後徒步5分鐘。

5 圓覺寺（円覚寺）

~ 國寶雲集

位於北鎌倉駅前的圓覺寺，是由鎌倉幕府第八代執政者北條時宗於 1282 年創建，其開山祖師是來自中國的佛光國師無學祖元。創建圓覺寺的目的是為了不分敵我，祭奠在戰爭中死去的亡靈，弘揚禪宗。在充滿莊嚴肅穆氛圍的境內，有十多座包括被指定為國寶的洪鐘和舍利殿的古老建築，有著濃厚的歷史價值。此外，圓覺寺也是知名的繡球花和紅葉勝地。

圓覺寺的入口。

📍 神奈川縣鎌倉市山ノ內 409
📞 +81-467-22-0478
🕐 3 月至 11 月 8:00-16:30；12 月至 2 月 8:00-16:00
🅲 年中無休
💰 成人 ¥500，小／中學生 ¥200
🌐 https://www.engakuji.or.jp/
🚃 JR「北鎌倉」駅（東口）徒步 1 分鐘。
※ 從東京駅乘搭 JR 橫須賀線往鎌倉駅，前一個車站就是北鎌倉駅（東京駅→北鎌倉駅，約 52~58 分鐘，¥820）。

山門又稱為三門，象徵著三解脫，穿過三門後，世間煩惱皆可消除。現存的山門是在 1785 年重建。

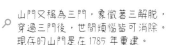

佛殿因關東大地震倒塌後，於 1964 年重建，殿內供奉著圓覺寺本尊寶冠釋迦如來。

每逢紅葉季節，妙香池的景色非常迷人。

不作一般公開的國寶舍利殿，只能遠觀。這是鎌倉時代從中國傳來的代表性唐式建築，殿內是供奉源實朝公從大宋能仁寺請來的佛牙舍利。

寺內另一國寶洪鐘，是關東地區最大的洪鐘，於 1301 年鑄造而成。

⑥ 建長寺
~ 日本初的禪寺

這座總門又稱為巨福門，始建於 1783 年，原位於京都般舟三昧院，在 1940 年遷移至此。

現存的三門是在 1775 年重建，門樓上層供奉著釋迦如來、十六羅漢和五百羅漢等。

建長寺全稱為巨福山建長興國禪寺，是日本最早的禪宗寺院，位居鎌倉五山之首。建長寺是由鎌倉幕府第五代執政者北條時賴於 1253 年創建，其開山祖師是中國南宋僧人蘭溪道隆。利用了山谷般的地形，以及仿照中國宋代禪寺的建築風格，建長寺的總門、三門、佛殿、法堂和方丈等建築呈現出直線的佈局。在 14 世紀至 15 世紀期間，寺內多次發生火災，多處建築被燒毀，但江戶時代在德川家的幫助下，新建和遷來了不少建築物，建長寺才得以保存至今。

📍 神奈川県鎌倉市山ノ内 8
📞 +81-467-22-0981
🕗 8:30-16:30
🔄 年中無休
🎫 成人 ¥500、小 / 中學生 ¥200
🌐 https://www.kenchoji.com/
🚉 JR「北鎌倉」駅（東口）徒步 15 分鐘。

於 1255 年鑄造而成的國寶梵鐘，是出自關東最有名的鐵匠物部重光之手。

現存的佛殿原位於東京的增上寺，是德川幕府第二代將軍秀忠夫人的靈廟，於 1647 年遷移至此成為佛殿，殿內供奉著本尊地藏菩薩坐像。

在佛殿前的古老柏樹，據說是（蘭溪道隆）大覺禪師親手種植，已有 760 年樹齡，曾經歷多次火災都幸存至今，是建長寺的寶物。

現存的法堂是在 1814 年重建，內裡供奉著千手觀音。

唐門是方丈的正門，原是秀忠夫人的靈廟門，與佛殿一起於 1647 年遷移至此。

方丈又稱為龍王殿，供奉著寶冠釋迦如來，與總門一樣於 1940 年由京都般舟三昧院遷移至此。

符さん助您安排行程：

遊覽鎌倉景點，可安排即日往返行程，但建議同日順道遊覽江之島。

江之島

Enoshima

江之島被視為湘南地區最具代表性的觀光勝地，長年都人氣旺盛，非常熱鬧。雖然江之島只是一個細小的島嶼，但島上景點十分豐富，有歷史悠久的神社、展望絕景的燈塔、海蝕天然洞窟、還可欣賞浪漫富士日落、品嘗江之島名物白飯魚和海鮮美食等，無論是一家大小、知己良朋、情侶夫妻都能玩得開心。

(1) 東京駅 → 藤沢駅 (JR 東海道本線 ，約 46 分鐘，¥990)
(2) 新宿駅 → 藤沢駅 (小田急電鐵小田原線‧江ノ島線(快速急行)，約58分鐘，¥600)
(3) 新宿駅 → 片瀨江ノ島駅 (小田急電鐵浪漫特快，約 65 分鐘，¥1,270(指定席))
(4) 藤沢駅 → 江ノ島駅 (江之島電鐵，約 10 分鐘，¥220)
(5) 鎌倉駅 → 江ノ島駅 (江之島電鐵，約 23 分鐘，¥260)

藤沢市觀光公式：https://www.fujisawa-kanko.jp/

1 新江之島水族館

於 2004 年開館的新江之島水族館，位於湘南海岸公園內，左邊能眺望江之島，右邊可遠眺富士山，地理位置優越。江之島所在的相模灣有生物寶庫之稱，水族館就是以相模灣的海底世界為展示重點，深入介紹珍奇的海洋生物形態。館內的相模灣大水槽和夢幻水母專區，都是訪客必看的設施。還有可愛的企鵝、海龜、海豚和海獅等精彩的表演，令人滿載歡樂而歸。

📍 神奈川県藤沢市片瀬海岸 2 丁目 19 − 1
📞 +81-466-29-9960
🕐 3 月至 11 月 9:00-17:00（7 月中旬至 8 月或延至 19:00）；12 月至 2 月 10:00-17:00
🅲 年中無休
💰 成人 ¥2,500，小／中學生 ¥1,200，幼兒（3 歲以上）¥800
🌐 https://www.enosui.com/
🚃 小田急「片瀬江ノ島」駅徒步 3 分鐘／江ノ電「江之島」駅徒步 10 分鐘。

2 江之島弁天橋

於 1958 年落成的江之島弁天橋，全長 389 米，是前往江之島必經之路。弁天橋不僅是江之島的門戶，也是觀賞富士山的絕佳地點。這裡也是遊覽船「江之島弁天丸」的乘船處，只須 6 分鐘就能到達江之島後方的稚兒之淵（岩屋洞窟）。

📍 神奈川県藤沢市江の島
🚃 小田急「片瀬江ノ島」駅徒步 2 分鐘／江ノ電「江之島」駅徒步 5 分鐘。

從弁天橋可欣賞到富士山的美景。

「江之島弁天丸」遊覽船
～ 往返弁天橋與稚兒之淵（岩屋洞窟）

- 🕐 平日 10:30-16:00；
  星期六、日及假期 10:00-17:00
- Ⓒ 年中無休（強風或特別原因有臨時休息）
- 💲 單程乘船費：成人 ¥400，小童（6歲以上）¥200
- 🌐 https://www.fujisawa-kanko.jp/access/
  bentenmaru.html

3 江之島 Enospa
～ 絕景溫泉水療勝地

江之島 Enospa 是一座外觀奪目的歐洲式建築物。館內有從地下 1,500 米深處湧出的江之島唯一的天然溫泉、各式水療和美食餐廳，設備完善。而最大亮點是能夠飽覽相模灣和富士山的美景，尤其是日落富士景色堪稱一絕，一邊泡著溫泉水療，一邊欣賞令人讚嘆的絕景，非常享受。

- 📍 神奈川県藤沢市江の島 2-1-6
- 📞 +81-466-29-0688
- 🕐 天然溫泉（3/F）7:00-21:00；
  Spa(1/F-2/F) 10:00-18:00
- Ⓒ 天然溫泉年中無休，Spa 逢星期一及星期四休息
- 💲 日歸天然溫泉
  （限時 90 分鐘）成人 ¥1,500，小學生 ¥750；
  1 Day Spa
  （天然溫泉 +Spa）成人 ¥2,500，小學生 ¥1,250；
  16:00 後 Night Spa
  （天然溫泉 +Spa）成人 ¥2,000，小學生 ¥1,000
  ※ 旺季期間會實施特別收費，詳情請瀏覽網站。
- 🌐 https://www.enospa.jp/
- 🚉 小田急「片瀨江ノ島」駅徒步 10 分鐘／江ノ電
  「江ノ島」駅徒步 14 分鐘。

4 江之島參道

青銅鳥居始建於 1747 年，
現存的鳥居在 1821 年重建而成。

通過了弁天橋來到江之島的入口，就看到有多間海鮮燒烤美食店舖，香味撲鼻，相當吸引。就在食店林立的不遠處，豎立著一個非常獨特的青銅鳥居，這就是步向江島神社的參道入口。參道兩旁有特產、工藝品、雜貨、飲食、海產和古式玩具店舖櫛比鱗次，充滿著古樸的懷舊氣息。

在參道上最具人氣店舖「あさひ本店」，其章魚仙貝是江之島的名物，所以經常人龍不絕。原隻章魚被鐵板機壓至薄片的仙貝是現場即造，熱辣辣、香噴噴、脆卜卜，大大塊的仙貝能遮蓋人臉，售價 ¥500。

5 江之島電梯

如果全程徒步上山會感到吃力，可以選擇使用收費扶手電梯，但只限上山，不設下山。扶手電梯共有 4 段，全長 106 米，僅需 4 分鐘便可登頂。售票和入口處就在江島神社入口（紅色鳥居）旁邊。

📍 神奈川県藤沢市江の島 1 丁目 4-7
📞 +81-466-23-2444
（江之島遊園事業所）
🕐 8:50-19:05
C 年中無休
💰 成人 ¥360，小童 ¥180
🌐 https://enoshima-seacandle.com/
🔺 江島神社入口旁邊。

符さん提提您：

江之島電梯與島上其他參觀設施設有優惠套票以供選擇。

景點設施	成人收費	學生收費
江之島電梯＋江之島 Sea Candle 展望燈塔＋江之島 Samuel Cocking Garden	¥700	¥350
江之島 1 Day Passport (eno=pass)（全日無限使用）：江之島電梯＋江之島 Sea Candle 展望燈塔＋江之島 Samuel Cocking Garden＋江之島岩屋	¥1,100	¥500

119

6 江島神社

紅色鳥居後是瑞心門，即是江島神社的入口。

江島神社是島上的辺津宮、中津宮及奧津宮三座神社的總稱，而每座神社分別供奉三位姊妹神，包括田寸津比賣命、市寸島比賣命和多紀理比賣命。在辺津宮境內有一座八角形的奉安殿，供奉著八臂弁財天和妙音弁財天，據說是七福神之一的弁財天能祈求財運。穿過紅色鳥居後，由瑞心門開始參拜，沿路拾級而上順序到達辺津宮、中津宮及奧津宮，全程約 30 分鐘，途中可欣賞島上的不同風光，也可俯瞰山下美景。

- 🔵 神奈川県藤沢市江の島 2 丁目 3－8
- 📞 +81-466-22-4020
- 🕐 24 小時（奉安殿 8:30-16:30）
- 🅲 年中無休
- 💴 免費（奉安殿 成人 ¥200，中學生 ¥100，小學生 ¥50）
- 🌐 http://enoshimajinja.or.jp/
- 🗺 由青銅鳥居徒步約 5 分鐘。

辺津宮是由源賣朝為祈願鎌倉幕府興盛於 1206 年創立。現存的建築是在 1675 年重建的權現造，亦曾於 1976 年進行了翻新。

辺津宮旁邊的江之島弁財天奉安殿，與廣島縣宮島及滋賀縣竹生島並稱為日本三大弁財天。

中津宮由慈覺大師於 853 年創立。神社曾於 1996 年進行了全面修繕，重現了鮮紅耀眼的外觀。

奧津宮所供奉的多紀理比賣命，是三位姊妹神當中的大姐頭，守護大海的女神。神社於 1841 年曾被大火燒毀，並於翌年重建，現存的神社也曾分別在 1979 年及 2011 年修復了屋頂和本殿。

7 江之島 Samuel Cocking Garden

（江の島サムエル・コッキング苑）

江之島的英國商人 Samuel Cocking 於 1882 年出資興建的和洋式庭園，曾在 1949 年定名為「江之島植物園」，但於 2003 年再被改名為「江之島 Samuel Cocking Garden」。園內種植了多種珍奇的熱帶植物和四季花卉，南國風情洋溢，悠閒地散步，讓人心曠神怡。

Samuel Cocking Garden 的入口。

- 📍 神奈川県藤沢市江の島 2-3-28
- 📞 +81-466-23-2444（江之島遊園事業所）
- 🕘 9:00-20:00
  （Samuel Cocking 溫室遺跡地下室開放至 17:00 止）
- 🅲 年中無休
- 💲 日間免費；17:00 後成人 ¥500，小童 ¥250
- 🌐 https://enoshima-seacandle.com/
- 🚃 由青銅鳥居徒步約 10 分鐘。

8 江之島 Sea Candle 展望燈塔

~ 湘南地標

展望燈塔位於江之島 Samuel Cocking Garden 內。

江之島 Sea Candle 展望燈塔位於島中央，外形獨特如同一枝蠟燭，是江之島的象徵，從遠處都能看到的湘南地標。於 2003 年落成的燈塔，當年是為了紀念江之島電鐵營運 100 周年而建。燈塔高達 59.8 米，海拔 119.6 米，可 360 度環望遙遠的大海和群山，壯麗美景映入眼簾。

- 🕘 9:00-20:00
- 🅲 年中無休
- 💲 成人 ¥500，小童 ¥250

從燈塔俯瞰的湘南海岸景色。

露台座位坐擁壯闊的景觀，面前就是大海和飛鷹，腳下是稚兒之淵。

魚見亭

~ 創業 140 年的絕景老舖

江之島上有不少食店餐廳，但論景觀魚見亭絕對是最佳之選。創業 140 年的老舖魚見亭，所有座位都能看到海景，特別是露台座位最受歡迎，可一邊享受美食，一邊欣賞遼闊的大海，即使室內座位也能看到富士山，黃昏時的夕陽富士最令人陶醉。魚見亭的新鮮海鮮深受顧客喜愛，各款海鮮丼和江之島名物白飯魚丼都長年熱賣。

在這樣的環境下品嘗海鮮美食，幸福!

📍 神奈川県藤沢市江の島 2-5-7　　📞 +81-466-22-4456
🕙 10:00- 日落後 30 分鐘　　🅲 年中無休
🌐 https://enoshima-uomitei.com/
🚃 由江之島 Samuel Cocking Garden 徒步約 5 分鐘。

多款海鮮定食任君選擇，美味到不得了!

10 稚兒之淵
（稚児ヶ淵）

相傳來自鎌倉建長寺的修行僧人自休，在江之島邂逅了相承院的稚兒白菊，二人陷於苦戀沒法開花結果，最終稚兒白菊在懸崖投海自盡，自休也追隨而去，稚兒之淵之名就是源自這段淒美的愛情故事。

稚兒之淵位於江之島的最西端，是在1923年關東大地震後隆起的高地，再經海水沖蝕而形成了特殊的地貌風光。這裡面向相模灣的壯麗海景，以能觀賞富士山日落美景著稱，是神奈川縣風景名勝50選之一。

📍 神奈川縣藤沢市江の島2　🚶 由魚見亭徒步2分鐘。
🌐 https://www.fujisawa-kanko.jp/spot/enoshima/16.html

天空晴朗的日子來到稚兒之淵，就能看到醉人的夕陽與富士山，真的不枉此行。

稚兒之淵是釣魚、捉蟹、戲水之勝地，在假日會聚集許多人在此消閒玩樂，等待黃昏時欣賞壯觀的日落美景。

11 江之島岩屋

位於稚兒之淵附近的岩屋，是經過長年歲月的海浪侵蝕形成的天然洞窟，分為第一岩屋（深度152米）及第二岩屋（深度56米）。洞窟內裡燈光非常陰暗，一步一步走有如探險般，讓人感受到一股神秘的氣氛。相傳昔日弘法大師和日蓮上人曾在此修行，於1182年源賴朝也曾為了祈求戰事勝利而來參拜，所以這裡被認為是江之島信仰的發祥地，時至今日仍然是島內最強的能量點。

📍 神奈川縣藤沢市江の島2　📞 +81-466-22-4141
🕙 9:00-17:00　📅 年中無休
💰 成人 ¥500，小學生 ¥200
🌐 https://www.facebook.com/enoshimaiwaya
🚶 由稚兒之淵徒步2分鐘。

從稚兒之淵可以看到懸崖下的岩屋位置。

從洞窟可眺望迫力十足的無垠大海。

雖然岩屋內燈光較暗，但仍設有介紹江之島歷史的畫廊、石像和龍雕塑等展品。

符さん有感：

江之島是距離東京最近的貓島，據說最高峰時島上曾經有近千隻江之貓，但我多次到訪過江之島，每次看到的貓貓又沒太多。雖然小貓三數隻，但又真的特別可愛啊！

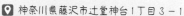
這位愛貓的遊客，對江之貓非常愛惜，輕撫貓咪身，流露出愛心。

符さん提提您：

在稚兒之淵（岩屋洞窟）可直接乘遊覽船返回弁天橋離開江之島，無須走回頭路。

符さん助您安排行程：

遊覽江之島只須半天時間。江之島與鎌倉的距離接近，乘搭江之電只須20多分鐘而已，所以應該安排同日遊覽兩個觀光地。如果想悠閒一點，可安排兩日一夜的行程。

Terrace Mall 湘南
（テラスモール湘南）

如果遊畢江之島乘搭 JR 返回東京方向，可考慮到藤沢駅下一個車站辻堂駅直達的大型商場購物。於 2011 年開幕的 Terrace Mall 湘南，集結 280 間各式各樣的時尚品牌店舖、餐飲美食及電影院等，是湘南地區最大型的購物中心，所以頗受縣內市民歡迎。

- 📍 神奈川県藤沢市辻堂神台 1 丁目 3－1
- 📞 +81-466-38-1000　🕙 10:00-21:00；餐廳 11:00-23:00
- 🅒 年中無休　🌐 https://shonan.terracemall.com/
- 🚃 JR「辻堂」駅（北口）即到達。
- ※ 藤沢駅 → 辻堂駅（JR 東海道本線，約 3 分鐘，¥190）

箱根

Hakone

位於神奈川縣西部的箱根町，無論是國內國外都是非常大人氣的旅遊勝地。因三千年前火山爆發而形成的蘆之湖、大涌谷等，都是箱根的代表性景點。火山活動也造就了著名的箱根溫泉鄉，以湯本、塔ノ沢、大平台、宮ノ下、小涌谷等合稱為「箱根二十湯」，溫泉旅館選擇很多。箱根擁有富饒的自然資源，強羅公園、雕刻之森美術館和箱根神社等，都能讓人感受到治癒身心的大自然氣息。

🚃 (1) 新宿駅→箱根湯本駅 (小田急電鐵浪漫特快，約1小時 25~45 分鐘，¥2,460(指定席))

(2) 新宿駅→小田原駅→箱根湯本駅 (小田急電鐵小田原線・箱根登山電車，約1小時45 分鐘～ 2小時，¥1,260)

🌐 箱根町觀光協會：https://www.hakone.or.jp/

小田急電鐵：https://www.odakyu.jp/

箱根周遊券（箱根 Free Pass）

箱根的觀光景點眾多，一天真的遊不完，而且要穿梭多個景點的交通費亦不少，所以非常超值的箱根周遊券很受歡迎。周遊券有效期限分為 2 天及 3 天，包含乘搭小田急線（普通列車）往返新宿與小田原各一次，以及無限次乘搭箱根登山電車、登山纜車、空中纜車、海賊船和登山巴士（指定區間）等 8 種交通工具。此外，憑券也可以折扣價享用周邊的各種娛樂設施。

出發車站	2 天有效期		3 天有效期	
	成人票價	小童票價	成人票價	小童票價
新宿出發	¥6,100	¥1,100	¥6,500	¥1,350
小田原出發	¥5,000	¥1,000	¥5,400	¥1,250

📍 購買地點：可在小田急線所有車站的售票服務窗口或自動售票機購買。
（※ 小田原出發的周遊券，不包含乘搭小田急線列車，可在小田急線各車站的售票窗口或小田原車站的售票機購買。）

🌐 https://www.odakyu.jp/tc/passes/

箱根町內交通

前往箱根各旅遊景點的交通都很方便，主要的交通工具有登山電車、登山纜車、空中纜車、登山巴士及海賊船等。別以為交通工具眾多很複雜，其實在觀光案內所或購買箱根周遊券時都可取得最新的箱根交通小冊子，一圖在手，便一目了然。

🌐 https://www.hakonenavi.jp/

箱根登山電車

登山電車全線共有 11 個站，分為兩種電車運行：包括由「小田原」駅至「箱根湯本」駅的平地路線，以及由「箱根湯本」駅至「強羅」駅的山區路線。乘搭登山電車可到箱根湯本溫泉和雕刻之森美術館。在「強羅」駅可轉乘箱根登山纜車。

箱根登山纜車

登山纜車全線共有6個站,由「強羅」駅至「早雲山」駅。乘搭登山纜車可到強羅公園。在「早雲山」駅可轉乘箱根空中纜車。

箱根空中纜車

空中纜車全線共有4個站,由「早雲山」駅至「桃源台」駅。乘搭空中纜車可到大涌谷。在「桃源台」駅可步行到「桃源台港」轉乘海賊船。

箱根海賊船

海賊船航行路線連接三個港口,包括「桃源台港」、「箱根町港」及「元箱根港」。乘海賊船遊覽蘆之湖相當受遊客歡迎;另外在「元箱根港」下船後可到箱根神社等景點。

箱根登山巴士

登山巴士共有十多條路線,覆蓋了箱根町內大部分的觀光景點,尤其是登山電車、登山纜車等其他交通工具不能到達的景點,就要依靠登山巴士前往。多條巴士路線都是由小田原或箱根湯本出發,所以遊覽完景點之後乘搭登山巴士返回小田原、箱根湯本等地都很方便。

1 箱根湯本溫泉

~ 開湯 1,200 年

作為「箱根二十湯」之一的湯本溫泉，據說在奈良時代開湯，距今已有1,200年歷史，是箱根溫泉鄉中最古老的溫泉。湯本溫泉是箱根的門戶，不但位置便利，而且也有40多間溫泉旅館林立，周圍亦環繞著豐富的自然風光，所以成為許多旅客遊覽箱根時的住宿據點。湯本溫泉的泉質為無色無味無臭的鹼性溫泉，對皮膚較為溫和，男女老少皆適合浸泡。

📍 神奈川縣足柄下郡箱根町湯本
📞 +81-460-85-7751（箱根湯本觀光協會）
🌐 http://www.hakoneyumoto.com/
🚃 乘搭「小田急電鐵浪漫特快／箱根登山電車」，於「箱根湯本」駅下車。

2 箱根湯本駅前商店街

~ 箱根最熱鬧的地方

箱根湯本駅前的商店街，是知名的箱根特產聚集地，每天都擠滿了許多遊客，是箱根最熱鬧的地方。商店街兩旁的餐廳、菓子店、魚餅店、雜貨店、紀念品店等鱗次櫛比，當中最不能錯過的是過百年歷史的溫泉饅頭老舖及箱根傳統工藝店。遊覽箱根過後，除了帶走歡樂，也可帶走著名的溫泉饅頭和箱根獨有的拼花飾品。

📍 神奈川縣足柄下郡箱根町湯本　　🕐 各店有異
🚃 「箱根湯本」駅對面。

3 雕刻之森美術館

~自然與藝術並存

1968 年的作品 Miss Black Power，是美術館最具代表性的展品。

於 1969 年開幕的雕刻之森美術館，是日本第一個野外美術館。在佔地約 70,000 平方米的自然環境之中，展出約 120 件出自世界各地藝術家的雕刻傑作，充分發揮藝術展品的魅力，當中還有可讓小朋友體驗的作品，趣味無窮，非常受歡迎。這裡還種植了繡球花等約 500 棵植物，花卉與藝術相得益彰。如果逛得有點累，還可以享受天然足湯或到餐廳享用美食，設施貼心完善。

📍 神奈川縣足柄下郡箱根町二ノ平 1121
📞 +81-460-82-1161
🕘 9:00-17:00
🅒 年中無休
💰 成人 ¥1,600，大學生 / 高校生 ¥1,200，小 / 中學生 ¥800
🌐 https://www.hakone-oam.or.jp/
🚃 (1) 乘搭「箱根登山電車」，於「彫刻の森」駅下車後徒步 2 分鐘。
　　(2) 乘搭「箱根登山巴士／伊豆箱根巴士」，於「二の平入口」
　　　　下車後徒步 6 分鐘。

1984 年設立的畢加索館，收藏了超過 300 件展品，包括繪畫、版畫、素描和陶瓷作品等。

成年人喜歡欣賞池中的雕塑，小朋友喜歡餵飼游魚，各有目標，但同樣感受到樂趣。

這個名為「ネットの森」（網羅之森）的作品，內裡有色彩斑斕的巨大吊床，可讓小朋友通過玩耍來感受作品的色彩和造型。

這個高度 18 米的「幸せをよぶシンフォニー彫刻」（呼喚幸福的交響樂雕塑），外觀像一座平平無奇的高塔，但內裡可觀賞到色彩繽紛的玻璃雕刻，非常精彩。

沒想過美術館會設有足湯的設施，而且規模不少。一邊泡足湯，一邊欣賞箱根的自然風光和雕刻，真享受。

這個西式噴水池是強羅公園的代表性景觀。

4 強羅公園
~著名的花卉勝地

強羅公園早於1914年開園，是日本首個法式庭園。園內最為人所知的玫瑰園，擁有約200品種共1,000株玫瑰，另外也能欣賞櫻花和紅葉，而熱帶植物館也種植了四季的花草。這裡還有歷史悠久的白雲洞茶苑、陶器和吹製玻璃等體驗工房、以及舒適的咖啡廳等設施，讓遊客能夠一次享受各種體驗，度過輕鬆的時光。由於持有箱根周遊券可免費入場，所以一直吸引不少遊客到此一遊。

玫瑰園是強羅公園的最大看點，玫瑰盛開之時，園內熱熱鬧鬧。

即使在冬季也能欣賞到溫暖的熱帶植物。

📍 神奈川県足柄下郡箱根町強羅1300
📞 +81-460-82-2825
🕐 9:00-17:00
🅲 不定休
💴 成人 ¥550，小學生以下免費
　（※ 持有箱根周遊券免費入場）
🌐 https://www.hakone-tozan.co.jp/gorapark/
📖 (1) 乘搭「箱根登山纜車」，於「公園下」駅下車後徒步1分鐘。
　　(2) 乘搭「箱根登山電車」，於「強羅」駅下車後徒步5分鐘。

在纜車站外可以眺望大涌谷，也聞到濃濃的硫磺味。

乘搭空中纜車期間，可俯瞰腳下大涌谷煙霧瀰漫的全景。

5 大涌谷
~品嘗名物黑玉子

約 3,000 年前由火山活動而形成的大涌谷，是箱根最著名的景點之一。大涌谷堆積了火山碎屑物質，即使現在仍噴發出大量地熱蒸汽，散發著濃烈的硫磺氣味，景象荒涼猶如地獄一樣，昔日被稱為「大地獄」，直到 1873 年才改名為大涌谷。

天氣晴朗之時，在大涌谷是可以看到富士山的景色。在纜車站周邊還有箱根地質博物館、極樂茶屋及大涌谷黑玉子館等設施。這裡還有一條全長 700 米的大涌谷自然研究路，可以接近噴煙地段，觀察火山地帶特有的自然風光。自然研究路以往是可以自由參觀，但在 2015 年因為火山活躍而禁止進入，直至建造了 7 個避難所及安裝監測火山氣體裝置後，自 2022 年 3 月開始可透過網上預約參加由觀察員帶領的參觀圍，每天 4 場次，每場只容納 30 人（小學生以上），參觀時間約 40 分鐘，參觀費每人 ¥500。

- 📍 神奈川縣足柄下郡箱根町元箱根
- 📞 +81-460-84-5201（大涌谷觀光中心）
- ⏰ 大涌谷自然研究路參觀時段：10:00、11:30、13:00、14:30
- 💰 ¥500
- 🌐 http://www.owakudani.com/
- 🚠 乘搭「箱根空中纜車」，於「大涌谷」站下車。

大涌谷名物黑玉子，每包 5 個售價 ¥500，在大涌谷各店舖都有售。據說黑玉子能延命長壽，吃一個可延命 7 年，真的嗎？

大涌谷自然研究路

步進自然研究路，慢慢地接近白煙瀰漫的荒涼地帶，近距離感受火山活動的力量。

寫上標高 1,050 米的大涌谷展板，是遊客打卡熱點。

在黑玉子茶屋旁邊的閻魔台，是製作黑玉子的溫泉池。首先將雞蛋放入攝氏 80 度的泉水中浸 1 小時，雞蛋殼由白變黑之後，取出雞蛋放在攝氏 100 度的天然蒸器再蒸 15 分鐘，黑玉子便大功告成，可以運到附近的店鋪出售。以往可在黑玉子茶屋即買即吃，但現在茶屋已暫停出售，而且自然研究路已禁止進食。

6 蘆之湖（芦ノ湖）

海拔 724 米的蘆之湖，是 3,000 年前火山爆發而形成的火山口湖，位於俯瞰富士山的絕佳位置，是箱根具有代表性的觀光景點。乘坐海賊船暢遊蘆之湖是最佳的選擇，春天的盎然綠意，夏天的煙花，秋天的紅葉，冬天湖面上的富士倒影，四季風景都很吸引。

📍 神奈川県足柄下郡箱根町箱根芦ノ湖
🌐 https://www.hakone.or.jp/6317

7 箱根海賊船

在蘆之湖上航行的海賊船，是仿照歐洲戰艦而打造的華麗觀光船，連接桃源台港、箱根町港和元箱根港三個港口，深受遊客歡迎，是箱根旅遊不能錯過的湖上之旅。穿梭三個港口全程需時 60 分鐘，期間可欣賞蘆之湖壯麗的風光外，也能看到富士山和箱根神社的紅色鳥居等知名景點。

🕘 9:50-16:55
Ⓒ 年中無休（遇上強風、濃霧等天氣或會停航）
🌐 https://www.hakone-kankosen.co.jp/

箱根町港
📍 神奈川県足柄下郡箱根町箱根 161
📞 +81-460-83-7550
🚌 乘搭「箱根登山巴士」（H 或 R 路線），於「箱根町港」下車。

元箱根港
📍 神奈川県足柄下郡箱根町元箱根 6-40
📞 +81-460-83-6022
🚌 乘搭「箱根登山巴士」（H 或 R 或 K 路線），於「元箱根港」下車。

桃源台港
📍 神奈川県足柄下郡箱根町元箱根 164
📞 +81-460-84-8618
🚌 乘搭「箱根空中纜車」／「箱根登山巴士」（T 路線），於「桃源台」下車。

	單程船費	來回船費
箱根町港 ～元箱根港	成人 ¥420，小學生 ¥210 特別室附加費（單程）： 成人 ¥180，小學生 ¥90	成人 ¥2,220，小學生 ¥1,110 特別室附加費： 成人 ¥1,100，小學生 ¥560
箱根町港／元箱根港 ～桃源台港	成人 ¥1,200，小學生 ¥600 特別室附加費（單程）： 成人 ¥600，小學生 ¥300	

神社坐落於深山之中，能讓人感受到大自然的能量和莊嚴的氛圍。

8 箱根神社

作為能量景點而聞名的箱根神社，是由高僧萬卷上人於 757 年創立。相傳神社深得源賴朝、德川家康等許多武將所信奉，自古以來就被尊崇為關東總鎮守箱根大權現。神社供奉著「箱根大神」，據說對開運除厄、心願成就、交通安全、姻緣等特別靈驗。境內的寶物殿裡，收藏了萬卷上人坐像、箱根權現緣起畫卷等許多重要文化遺產。箱根神社被茂密樹林所包圍，其矗立在蘆之湖上的大鳥居，是神社的象徵，遊客最愛拍攝之熱點。

在海賊船上也能眺望的「平和の鳥居」，是箱根神社的象徵，長年都聚集了大量打卡的遊客。

- 📍 神奈川縣足柄下郡箱根町元箱根 80-1
- 📞 +81-460-83-7123
- 🕐 24 小時（寶物殿 9:00-16:30）
- C 年中無休
- 💰 免費（寶物殿 成人 ¥500，小學生 ¥300）
- 🌐 http://hakonejinja.or.jp/
- 🚌 (1) 乘搭「箱根海賊船」，於「元箱根港」下船後徒步 10 分鐘。
  (2) 乘搭「箱根登山巴士」（H 或 R 或 K 路線），於「元箱根港」下車後徒步 10 分鐘。

箱根神社境內建有九龍頭神社的分社（新宮），據稱是「良緣之神」而吸引許多女性前來參拜。新宮前的「龍神水」，更被視為神靈之聖水。

符さん助您安排行程：

箱根作為著名的溫泉旅遊勝地，擁有不少值得遊覽的景點，建議安排兩至三日的行程，盡情玩個痛快。

小田原 Odawara

小田原城址公園

小田原城最初建於 15 世紀，曾是關東霸主北條氏的居城，及後歸德川家臣大久保氏所有。城堡一直是小田原的象徵，不過在 1923 年關東大地震中已毀於一旦。現在城跡的本丸及二之丸部分已被指定為國家歷史遺跡，並以本丸為中心規劃成風景優美的城址公園。

公園是免費進內遊覽，收費設施則有天守閣、武士館及忍者館。現存的天守閣是在 1960 年參考昔日圖紙而復原，內部展示著小田原城的歷史及美術工藝品等資料，在頂層可以俯瞰相模灣及房總半島的明媚風光。武士館展出了盔甲、刀劍等武具；而忍者館則可透過遊戲和展覽了解忍者的歷史。

此外，城址公園也是賞櫻勝地，約 300 棵櫻花樹為天守閣和護城河增添了色彩，是「櫻花名所 100 選」之一。還有 2 月的梅花、4 月的紫藤、6 月的繡球花和 7 月至 8 月的蓮花等，花草四時有序，景致秀麗。

小田原城址公園護城河。

天守閣是小田原市的象徵，內裡是日本戰國時代的博物館。

於 1997 年重建的二之丸正門，所使用的金屬裝飾都是銅製，因而得名銅門。

常盤木門為本丸的正門，於 1971 年重建而成。

📍 神奈川縣小田原市城內 6-1
📞 +81-465-23-1373　🕘 9:00-17:00
🅲 12 月第二個星期三（天守閣）及 12 月 31 日至 1 月 1 日
💰 天守閣 成人 ¥510，小／中學生 ¥200；武士館 成人 ¥200，小／中學生 ¥60；忍者館 成人 ¥310，小／中學生 ¥100
※ 天守閣・武士館共通券：成人 ¥610，小／中學生 ¥220
🌐 https://odawaracastle.com/
📖 JR 東海道本線／小田急小田原線「小田原」駅徒步 10 分鐘。
　※ 新宿駅 → 小田原駅（小田急電鐵小田原線（急行），約 1 小時 35 分鐘，¥900）
　※ 箱根湯本駅 → 小田原駅（箱根登山電車，約 15 分鐘，¥360）

符さん助您安排行程：

結 東箱根之旅後，可考慮順道遊覽小田原城址公園，尤其正值上述花期，風景特別漂亮。

湯河原 Yugawara

湯河原 ~ 半天散策遊

鄰接箱根、小田原和熱海的湯河原，擁有森林和川流得天獨厚的自然環境、豐富的溫泉，以及充滿歷史和文學氣息的街道。據說湯河原溫泉已有1,200年歷史，是日本人熟悉的古老溫泉地。昔日的文人墨客也深愛湯河原的寧靜氛圍，曾在此創作出聞名全國的作品。漫遊在這充滿古風的小鎮，參觀歷史悠久的神木，享受融合自然的新穎溫泉設施，觀賞讓人洗滌心靈的瀑布，是一趟治癒身心的惬意之旅。

- 🚃 JR小田原駅 → JR湯河原駅（JR東海道本線，約16分鐘，¥330）
- 🌐 湯河原溫泉公式觀光：
  https://www.yugawara.or.jp/
  伊豆箱根巴士：
  http://www.izuhakone.co.jp/bus/
  箱根登山巴士：
  https://www.hakonenavi.jp/hakone-tozanbus/

古老溫泉旅館林立的湯元通り，位於「溫泉場中央」巴士站附近。

步出湯河原駅，隨即見到巴士站。

湯河原駅前的手湯。

五所神社
~名木百選

　五所神社是湯河原首屈一指的能量景點。相傳神社在 1,300 年前天智天皇時代所創建，供奉天照大神和天忍穗耳尊等，對護佑安產和小孩健康成長相當有名，是當地人的心靈信仰。境內有一棵樹齡 850 年的「御神木の楠」，據說觸摸神木可護佑健康、平安和勝利而深受崇敬，近年也成為遊客打卡之熱點，被指定為「神奈川名木百選」及「湯河原町天然紀念物」。

五所神社的拜殿。

　　樹齡 850 年的「御神木の楠」，高 36 米，周長 8.2 米。神社建議來訪者觸摸神木獲取神之力量，再到樹旁神聖之框打卡留念。

📍 神奈川県足柄下郡湯河原町宮下 359-1
📞 +81-465-62-5869
🕐 24 小時　　🅲 年中無休　　💲 免費
🌐 https://goshojinjya.com/
🚃 (1) 由 JR「湯河原」駅徒步約 10 分鐘。
　　(2) 由 JR「湯河原」駅前 2 號巴士站乘搭前往「奧湯河原‧不動滝」伊豆箱根巴士／箱根登山巴士，於「五所神社」下車，車程約 3 分鐘，車費約 ¥200。

② 湯河原惣湯 Books and Retreat

～美景溪流，忘掉憂愁

於 2021 年 8 月 31 日開業的湯河原惣湯 Books and Retreat，是能讓人盡情享受大自然及治癒身心的日歸溫泉設施，有玄關 Terrace 及惣湯 Terrace 兩座建築物，分別建在萬葉公園溪流的入口及深處。玄關 Terrace 設有陳列各種讀物的 Café，讓顧客可在溪流美景旁邊享用咖啡和美食外，也可借閱喜愛的讀物，好好享受寫意的空間。沿著綠意盎然的溪流散步，穿過神社及文學小徑，便到達可以享受優雅風情的溫泉和極品美食的惣湯 Terrace，要享用這裡的設施需要網上預約，服務對象必須為中學生以上。

玄關 Terrace

📍 神奈川縣足柄下郡湯河原町宮上 566
📞 +81-465-43-7830
🕐 10:00-17:30
📅 每月第二個星期二
💴 免費
🌐 https://yugawarasoyu.jp/
🚌 由 JR「湯河原」駅前 2 號巴士站乘搭前往「奧湯河原・不動滝」巴士，於「落合橋」下車，車程約 9 分鐘，車費 ¥240。

玄關 Terrace 的外觀。

玄關 Terrace 旁邊的免費足湯設施。

公園內的熊野神社。

玄關 Terrace 的 Café，
提供咖啡、果汁、特色
三文治等美味輕食。

選購食品之後，走到溪
流旁找個好位置，享受
被大自然環抱的時光。

惣湯 Terrace 的外觀。

惣湯 Terrace

📍 神奈川縣足柄下郡湯河原町宮上 704

📞 +81-465-43-8105

🕐 平日 10:00-18:00；
星期六、日及假期 10:00-20:00

🅲 逢星期三及每月第二個星期二

💴 享用 5 小時 ¥5,900（包含溫泉、膳食、
飲品及小食）；享用 3 小時 ¥3,000（包
含溫泉、飲品及小食）（※ 只限星期
六、日及假期 17:00 後及平日 14:00 後）

符 さん有感：

造 訪當日是 2021 年 9 月 11 日，即開業不足兩星期。因為沒有預約，所以未能內
進惣湯 Terrace 享受一番，有點失望。湯河原這個新設施，吸引了許多喜歡
享受寧靜空間的人，看看書、泡泡湯、吃一頓豐富特色料理，遠離煩囂，忘卻憂愁。

3 不動滝

不動滝是前往奧湯河原途中的瀑布，落差 15 米，因水量充沛而著名。由於瀑布盆地供奉不動明王，因而得名不動滝；瀑布之右側也供奉出世大黑尊，據說有不少人來祈求生活安逸和工作成就。不動滝四周被綠蔭樹木包圍，在大自然中散發著莊嚴的氣息，讓人有如沐浴在大量的負離子中，感覺煥然一新。瀑布正面的茶屋，可以一邊享用茶點，一邊享受足湯，欣賞瀑布水花的飛濺，聆聽大自然演奏的曲目。

不動滝雖然細小，但是有不少人前來造訪，像有一種神秘的魅力。

📍 神奈川縣足柄下郡湯河原町宮上 750
🕐 24 小時
🌐 https://www.yugawara.or.jp/sightseeing/646/
🚌 由 JR「湯河原」駅前 2 號巴士站乘搭前往「奧湯河原・不動滝」巴士，於「不動滝」下車，車程約 13 分鐘，車費 ¥290。

安放在不動滝左側的不動尊。

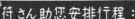

穿過佈滿青苔的鳥居，會看到出世大黑尊。

符さん助您安排行程：

湯河原鄰近箱根和小田原，由小田原乘搭 JR 到湯河原只須 16 分鐘而已，有時間可順道遊覽一趟。我選擇了乘坐巴士到不動滝開展散策之旅，倒序徒步漫遊不動滝、湯元通り、萬葉公園湯河原惣湯 Books and Retreat、五所神社，最後返回湯河原駅，需時約 3 至 4 小時。

伊勢原
Isehara

大山
~超人氣登山勝地

大山寺

大山寺本堂。

大山位於伊勢原市丹澤大山國定公園內，也被稱為「阿夫利山」，亦因地理位置容易下雨又有「雨降山」之稱。大山自古以來就被奉為神山，江戶時代人們會特地登山參拜，這項名為「大山詣り」的活動被認定為日本遺產。時至今日大山仍是熱門的登山勝地，有多條登山路線，而最受歡迎的是乘坐纜車輕鬆登山並眺望美景，再參拜山腰的大山寺及阿夫利神社下社。如果體力充沛，也可選擇在下社旁邊徒步登上山頂的本社，遠眺更壯觀的景色。

陀螺從江戶時代起就成為大山的名產。由於大山盛產木材，當地亦傳承了優秀的製作技術，加上陀螺有轉運的寓意，所以大受歡迎，在 KOMA 參道（陀螺參道）兩旁就有多間陀螺工房。此外，受惠於優良的水質，大山豆腐也相當有名。

大山寺是由開創奈良東大寺的良弁僧正於 755 年創立，為關東三大不動尊之一，是京都大覺寺的別院，屬真言宗大覺寺派別。據說有名的弘法大師，是寺院的第三代住持。大山寺本堂前的參道附近，是著名的紅葉勝地，每年紅葉祭期間，人頭湧湧，氣氛熱鬧。

大山寺境內有很多可愛的鹿出沒。

🚃 由小田急線「伊勢原」駅北口 4 號巴士站乘搭前往「大山ケーブル」（神奈川中央交通）巴士，於終點站下車，車程約 25 分鐘，車費 ¥320。
　※ 新宿駅 → 伊勢原駅（小田急電鐵小田原線（快速急行），約 54 分鐘，¥600）
🌐 神奈川中央交通：https://www.kanachu.co.jp/index.html

📍 神奈川県伊勢原市大山 724
📞 +81-463-95-2011
🌐 http://www.oyamadera.jp/
🚃 大山纜車「大山寺」駅徒步 3 分鐘。

大山阿夫利神社

據說大山阿夫利神社創建於 2200 多年前的第十代崇神天皇時代（公元前 97 年左右），供奉著大山祇大神、大雷神及高龗神三位祭神，自古就被尊為護國之山、神之山。本社位於標高 1,247 米的山頂上，而下社則位於標高 700 米的山腰之中。

阿夫利神社下社的拜殿。

📍 神奈川縣伊勢原市大山 355
📞 +81-463-95-2006
🌐 http://www.afuri.or.jp/
🚡 大山纜車「阿夫利神社」駅徒步 2 分鐘到達下社。

大山纜車

大山纜車共有三個車站：大山纜車駅、大山寺駅及阿夫利神社駅。從巴士下車後徒步 15 分鐘，經過 362 級的陀螺參道，便到達大山纜車駅。乘纜車只須 6 分鐘就可抵達終點站阿夫利神社駅。

📍 神奈川縣伊勢原市大山 667 番地
📞 +81-463-95-2040
🕐 9:00-16:30；星期六、日及公眾假期 9:00-17:00
ⓒ 年中無休
💲 成人（中學生以上）¥1,120，小學生 ¥560
（繁忙期：成人 ¥1,270，小學生 ¥640）
🌐 https://www.ooyama-cable.co.jp/
🚌「大山ケーブル」巴士終點站徒步 15 分鐘。

陀螺參道兩旁特色店舖林立，包括豆腐專門店、陀螺工房、茶屋、手信店及旅館等。

143

登頂散策遊 ~ 體驗神山的魅力

終於登頂到達阿夫利神社本社，朝拜的人多得很。

下社的拜殿旁邊是登上山頂的入口，徒步上山頂需時約 90 分鐘，下山需時約 60 分鐘。

登山道有些陡峭，裝備必須充足。

大山山頂本社石碑與御神木。

山頂有一座奧社，供奉著大雷神。

從標高 1,252 米的山頂，可展望遠處的江之島、相模灣、三浦半島、房總半島和伊豆大島等景色，大地在我腳下，感覺非常壯觀。

下山的時候可選擇往見晴台的方向走，途經二重瀧及二重神社，返回阿夫利神社下社，再乘纜車離開。

消耗體力過後，返回下社時在茶屋吃了一碗正油拉麵（￥700），特別滋味。

符さん有感：

2014 年第一次來到大山之時，因這個雨降山天氣突變，行雷閃電，無奈地放棄登頂。在新冠疫情出現前一個月，我再重來大山，成功登頂，感覺很滿足。我看到了人山人海的登山客，感受到大山魅力之處，終於明白「大山詣り」為何被認定為日本遺產。還記得當日下山時，因山路崎嶇不平而扭傷了左腳，折騰了我兩個多月，所以這段遊歷特別深刻。如大家來大山朝拜，謹記一切小心。

符さん助您安排行程：

遊覽大山如打算登頂，需要花半天時間。乘小田急小田原線由新宿駅到伊勢原駅，需時約 54 分鐘；由小田原駅出發則需時約 32 分鐘。

三浦
Miura

　　浦市是位於神奈川縣東南部，市內的三
　　崎港和城島都是值得一遊的觀光地。三
崎港以吞拿魚聞名，為品嘗吞拿魚丼而來的
人絡繹不絕。城島公園擁有俯瞰大海的壯麗
景觀，以及包括沿海植物和野生鳥類棲息的
珍貴天然海岸在內的自然環境。島上還有兩
座浪漫的「戀愛燈塔」，是戀人拍拖勝地。
城島就在三崎港對岸，由城島大橋連接，
乘坐巴士往來只須幾分鐘車程而已。

🚃 橫浜駅 → 三崎口駅（京浜急行本線・久里浜線（快特），約50分鐘，¥580）
🌐 三浦市觀光協會：http://www.miura-info.ne.jp/
　　京浜急行巴士：http://www.keikyu-bus.co.jp/

三崎港

位 於三浦半島最南端的三崎港，以捕獲大量吞拿魚而聞名，被稱為「吞拿魚之町」。漁港周邊有多間可以品嘗吞拿魚等海鮮的食店，吸引許多人前來光顧。

📍 神奈川縣三浦市三崎

🚌 由「三崎口」駅前乘搭前往「城ヶ島・三崎港」（京浜急行）巴士，於「三崎港」下車，車程約15分鐘，車費 ¥310。

Urari Marche（うらりマルシェ）

海 の駅 Urari Marche 是一個市場，一樓的鮮魚館共有12間商店，出售吞拿魚、本地魚、各種海產加工品及紀念品；二樓的野菜館則售賣三浦的新鮮蔬菜。

📍 神奈川縣三浦市三崎5丁目3番1号
📞 +81-46-881-6721
🕐 鮮魚館 9:00-17:00（星期日 7:00-17:00）；
　 野菜館 10:00-17:00（星期六及假期 9:00-17:00）
🅲 年中無休
🌐 http://www.umigyo.co.jp/
🚌 「三崎港」巴士站徒步2分鐘。

Urari Marche 的外觀。

水中觀光船「にじいろさかな号」

半潛式觀光船「にじいろさかな号」，船體兩側有玻璃窗，在海中散步 40 分鐘內，能夠享受天然水族館的樂趣。大人收費 ¥1,500、小學生 ¥700、一歲以上幼兒 ¥200，乘船處在 Urari Marche 外。

2 城島兩小時散策遊：

白秋紀念館 → 城島公園 → 安房埼燈塔 → 海鵜展望台 → 馬の背洞門 → 城島燈塔

白秋紀念館

日本詩人、童謠作家北原白秋 (1885-1942) 在三崎居住期間，由感性詩人轉為自然詩人的重大改變，創作了不少著名作品，他這段三崎時代備受關注。紀念館展示著北原白秋作品的手稿，館外亦建立了作品《城ヶ島の雨》的詩碑。

- 📍 神奈川県三浦市三崎町城ヶ島 374-1
- 📞 +81-46-881-6414
- 🕐 10:00-16:00
- 🅲 星期一、星期四、星期五及 12 月 25 日至 1 月 3 日（公眾假期則順延至翌日）
- 💰 免費
- 🌐 http://www.city.miura.kanagawa.jp/sho-gaku/hakusyuu_index.html
- 🚌 由「三崎口」駅前乘搭前往「城ヶ島」（京浜急行）巴士，於「白秋碑前」下車後徒步 2 分鐘，車程約 23 分鐘，車費 ¥360。（由三崎港上車則需時 8 分鐘，車費 ¥190）

紀念館外的城島大橋與白秋詩碑。

城島公園

城島公園位於三浦半島最南端的城島東半部，是擁有豐富自然風貌的公園。穿過公園入口的茂密松林，眼前是一片獨特的草原風光，草坪中央有一座新穎美麗的燈塔。公園的西面朝向大海，可以看到洶湧波濤形成的海蝕崖。這裡也是鸕鶿的棲息地，被神奈川縣指定為天然紀念物。每年1月中旬至2月中旬，這裡有30萬株水仙花盛開，芬芳馥郁，令人倍感愉悦。

📍 神奈川縣三浦市三崎町字城ケ島
📞 +81-46-881-6640（縣立城島公園管理事務所）
🕐 24小時　　🅲 年中無休　　💲 免費
🌐 http://www.pref.kanagawa.jp/cnt/f11539/p35617.html
🚌 「白秋碑前」巴士站徒步7分鐘。

安房埼燈塔

於2020年3月新落成的安房埼燈塔，設計概念來自三浦蘿蔔。塔身白色尖頂，底部漸變綠色，看起來就像一個倒置的蘿蔔，象徵從田園間眺望大海的三浦市形象，設計清新別具特色，成為嶄新的打卡熱點，也被認定為「戀愛燈塔」。

海鶘展望台

每年由11月至翌年4月期間，約千隻鸕鶿會從千島列島飛來城島築巢繁殖。從展望台可看到赤羽根海岸東側的懸崖上，千隻鸕鶿飛舞的壯觀景象，昔日曾造就北原白秋豐富的創作靈感，如今也吸引許多觀鳥愛好者來臨。

馬の背洞門

位於安房崎燈塔與城島燈塔之間的馬の背洞門,是經過多年的海水侵蝕而形成的海蝕洞,可謂大自然雕刻的神秘佳作,長年聚集了許多觀光打卡客。洞穴高8米、寬6米、厚度2米,又有眼鏡洞門之別稱。

城島燈塔

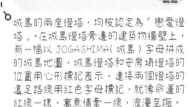

城島燈塔矗立在城島西部的小山丘上,由法國工程師所設計,最初的燈塔於1870年落成,至今亮燈已超過150年。由於1923年在關東大地震中受到損毀,現存的燈塔是在1926年重建而成。天空晴朗之時,從燈塔上可以眺望伊豆大島和富士山,夕陽西下的景色亦令人陶醉。

城島的兩座燈塔,均被認定為「戀愛燈塔」。在城島燈塔旁邊的建築物牆壁上,有一幅以 JOGASHIMA(城島)字母拼成的城島地圖,城島燈塔和安房崎燈塔的位置用心形標記表示,連接兩個燈塔的遠足路線用紅色字母標記,就像命運的紅線一樣,寓意情牽一線,浪漫至極。

📍 神奈川県三浦市三崎町城ヶ島

🌐 https://romance-toudai.uminohi.jp/toudai/jogashima.php

🚌 由「三崎口」駅前乘搭前往「城ヶ島」(京浜急行)巴士,於終點站下車後徒步5分鐘,車程約28分鐘,車費 ¥400。

燈塔下有一條出售紀念品的復古商店街,也可以品嘗海鮮美食。

符さん有感:

第一次來城島是2012年,當時的安房崎燈塔外觀平平無奇沒特色。今次重遊在2021年9月,發現燈塔已經換上了全新的可愛面貌,而且周邊綠草如茵,更加美麗。許多人曾經問我,經常去日本旅遊不厭倦嗎?不同時間,不同心情,不同景觀,有驚喜,怎會厭!

符さん助您安排行程:

三崎港和城島是半天海鮮美食和散策自然遊的配搭行程。可先到三崎品嘗美食,然後去散策燒脂;或先去消耗體力,再獎勵自己吃一餐豐富的海鮮丼。城島島上沿途有很清晰的指示牌,散策遊不易迷路,請放心。

千葉縣 Chiba

千葉縣西面緊接東京都，三面環海，擁有豐富的海產和壯麗的海洋美景。鍾情到東京旅遊和購物的朋友，除了經千葉縣的成田機場乘坐飛機之外，可曾想過在千葉縣稍作停留，探索它魅力之處？

從成田市開展探索之旅，遊覽新勝寺、佐原水鄉、銚子的犬吠埼海岸；再沿JR內房線向房總半島前進，到木更津欣賞江川海岸的日落絕景、東京德國村的四季花田、登上鋸山一嘗窺視地獄的感覺，滿滿都是令人難忘的回憶。如果還是擺脫不了購物的欲望，縣內有三個OUTLET任君選擇。千葉縣絕對有其魅力之處。

交通

1. 成田空港 → JR成田駅
   （JR成田線，約12分鐘，¥240）

2. 成田空港 → 京成成田駅
   （京成本線，約10分鐘，¥270）

3. JR東京駅 → JR成田駅
   （JR總武線（快速），約1小時12分鐘，¥1,170）

4. 京成上野駅 → 京成成田駅
   （京成本線（快速特急），約1小時5分鐘，¥850）

🌐 千葉縣公式觀光情報：https://maruchiba.jp/

成田

Narita

位於千葉縣北部的成田市，最為人知莫過於日本最大的國際機場成田空港。其實成田市及其周邊的市町，都有不少旅遊點，可作為歸航前的最後衝刺。成田山新勝寺是關東三大本山，具有不少文化財產的建築；沿途的表參道也歷史悠久，隨處可品嘗成田市鼎鼎有名的鰻魚飯。成田周邊既有牧場，也有佐原水鄉，自然風光明媚。機場附近的 SHISUI PREMIUM OUTLETS，可血拼一番後滿載而歸，締造完美旅程。

🌐 成田市觀光協會：http://www.nrtk.jp/
　 Chiba Green Bus：http://www.chibagreenbus.co.jp/index.php
　 千葉交通巴士公司：http://www.chibakotsu.co.jp/

成田山新勝寺的總門。

① 成田山新勝寺

~關東三大本山

成田山新勝寺於 940 年由寬朝大僧正開山,為真言宗智山派的大本山,本尊是真言宗始祖弘法大師親自敬刻的不動明王,具有無上價值。寺內的三重塔、釋迦堂、光明堂、仁王門和額堂都被指定為重要文化財產,氣派非凡。作為關東三大本山,新勝寺開山以來一直廣受信奉,每年超過一千多萬人前來造訪,尤其是 4 月的成田大鼓祭及 7 月的成田祇園祭是人潮高峰期,非常熱鬧。成田山新勝寺佔地廣闊,相連的成田山公園亦鳥語花香,是散步遊寺的聖地。

📍 千葉縣成田市成田 1
📞 +81-476-22-2111
🕐 24 小時
🅲 年中無休
🌐 https://www.naritasan.or.jp/
🚃 JR「成田」駅／「京成成田駅」徒步約 10 分鐘

入口處的仁王門於 1831 年重建,左右安放著密迹金剛像和那羅延金剛像。

興建於 1968 年的大本堂,供奉著主神不動明王,是重要護摩祈禱的主要道場。

釋迦堂是前大本堂,於 1858 年以全櫸木興建,呈現出江戶時代後期的特色。

153

供奉五智如來佛的三重塔，建於1712年，高度約25米，有著相當精緻的雕刻，華麗珍貴。

興建於1861年的額堂，是擺放信眾所奉獻的匾額和繪馬的建築物。

光明堂是1701年建造的舊大本堂，是江戶時代中期相當珍貴的彩色建築物。

建於1984年的平和大塔，高約58米，象徵真言宗密教的教義，具有莊嚴的氛圍。

2 成田山公園

位處平和大塔下的成田山公園，建於1928年，曾在1998年作大規模的重整。在佔地約165,000平方米的廣闊園林內，環繞著文殊池、龍樹池和龍智池的周邊，有梅花、櫻花、杜鵑及紅葉等四時綻放的樹木，一年四季各有別致的景色。公園內還有書道美術館、水琴窟及赤松庵茶室等，是廣受訪客歡迎的休閒之地。

📍 千葉県成田市成田1
🕐 24 小時
🌐 http://www.nrtk.jp/
🚃 JR「成田」駅／「京成成田駅」徒步約10分鐘。

浮御堂是園內拍照的熱點。

154

3 成田山表參道

～洋溢江戶濃情

從車站步往成田山新勝寺總門大約800米的表參道，沿途是瀰漫懷舊色彩的建築物，至今仍保存三、四百年前江戶時代濃濃的風情。參道兩旁林立約150間店鋪中，有陶瓷、土產、地酒、羊羹、鰻魚店和旅館等傳統老鋪，也有各式紀念品商店，是充滿活力的古風街道。

道路兩旁並列著十二生肖的石雕，是成田山表參道的特色。

受惠於利根川及印旛沼所孕育出豐富的河川魚類，造就了成田市的鰻魚聲名遠播，只在表參道已有六十多間可品嘗鰻魚的食店。

曾經支持其他店鋪，還是覺得它最好。創業三百年、傳承至第十一代的鰻魚店老字號近江屋，是我最愛的味道。

秉承傳統的做法，將鰻魚烤至香而軟嫩，配上秘傳蒲燒醬汁和白飯，多美味。（售價¥2,800）

近江屋

～創業三百年 鰻魚店老字號

📍 千葉県成田市仲町384
📞 +81-50-5492-4418
🕙 10:00–17:00
🅲 不定休
🌐 https://gaee700.gorp.jp/

4 成田ゆめ牧場

~ 生產優質乳製品

在動物廣場可以接觸可愛的山羊、綿羊和兔子等。

1887 年開始已專注生產新鮮牛奶的「秋葉牧場」，於 1987 年以「成田ゆめ牧場」之名作為觀光牧場對外開放，並同時生產雪糕、奶酪等優質乳製品。在佔地約 30 萬平方米的牧場內，可以參與各種有趣的活動，如騎馬、餵牛羊、射箭、釣魚和季節性的士多啤梨採摘活動；還有各種教室，可以體驗擠牛奶、製造牛油和果醬等。在各式餐廳內，可以品嘗自家直產食材所烹調的美食，尤其製造講究的乳製產品，不但可在現場品味，還可到商店選購各種手信，帶走那份美味，與親朋共享。

「與羊散步」很受歡迎，體驗 10 分鐘，收費 ¥300。

- 📍 千葉縣成田市名木 730-3
- 📞 +81-476-96-1001
- 🕐 9:30-16:30（星期六、日及假期 9:30-17:00）；12 月至 2 月 10:00-16:00（星期六、日及假期 9:30-16:30）
- 🅲 不定休（請瀏覽網站）
- 💰 成人（中學生以上）¥1,600，65 歲以上長者 ¥1,400，3 歲以上小童 ¥800
- 🌐 https://www.yumebokujo.com/
- 🚉 JR「滑河」駅乘搭牧場免費接送巴士，車程約 10 分鐘。※ 成田駅 → 滑河駅（JR 成田線，約 13 分鐘，¥240）

釣魚體驗收費 ¥800。

牛舍不算太大，相比其他牧場，非常乾淨。

在現場必吃雪糕，在商店必買蛋糕，芝士蛋糕和曲奇都是超人氣產品。

酒々井町

Shisui Town

SHISUI PREMIUM OUTLETS

（酒々井プレミアム・アウトレット）

於 2013 年開幕的 SHISUI PREMIUM OUTLETS，融合了美式藝術風格的城市景觀，匯集了約 220 家國內外知名品牌的店舖，商品包羅萬有，各式美食也一應俱全。這是距離成田機場最近的大型購物中心，只須 15 分鐘車程；從東京出發乘坐高速巴士亦只不過需時 50 分鐘，方便快捷。

📍 千葉県印旛郡酒々井町飯積 2 丁目 4－1

📞 +81-43-481-6160

🕐 10:00-20:00；餐廳 11:00-21:00；Café 9:30-20:00

🅲 每年 2 月第三個星期四

🌐 https://www.premiumoutlets.co.jp/shisui/

🚌 (1) 由 JR「酒々井」駅西口乘搭前往「酒々井プレミアム・アウトレット」(Chiba Green) 巴士，車程 15 分鐘，車費 ¥270。（由「京成酒々井」駅東口上車則需時 20 分鐘，車費 ¥270。）

　※ JR 成田駅→ JR 酒々井駅（JR 成田線，約 6 分鐘，車費 ¥200）／京成成田駅→京成酒々井駅（京成本線，約 8 分鐘，車費 ¥190）

　(2) 由「東京」駅八重洲口 14 號巴士站乘搭「銚子線」高速巴士，於「酒々井プレミアム・アウトレット」下車，車程約 50 分鐘，車費 ¥1,300。

　(3) 成田空港往來酒々井プレミアム・アウトレット高速巴士，車程約 15 分鐘，車費 ¥360。（※ 或因疫情停駛）

157

佐倉
Sakura

佐倉故鄉廣場
（佐倉ふるさと広場）

位於印旛沼湖畔的佐倉故鄉廣場，是1994年為了紀念佐倉市40周年而興建。廣場裡佇立了一座可進內參觀的荷蘭風車，名為" De Liefde "（友愛），是象徵日本和荷蘭的親善友好關係，成為了廣場的標誌。這裡亦以賞花勝地受注目，每年4月盛放的50萬棵鬱金香、7月綻放的1萬5千棵向日葵和10月滿開的秋櫻，燦爛花海襯托風車的景致，盡顯異國風情，美不勝收。

📍 千葉県佐倉市臼井田 2714

📞 +81-43-486-6000（佐倉市觀光協會）

🕐 24 小時（風車參觀時間 9:30-12:00 及 13:00-16:00）

C 年中無休（風車星期一至四休息，假期除外）

💴 免費

🌐 http://www.city.sakura.lg.jp/

🚃 由「京成佐倉」駅北口乘搭「佐倉市循環巴士（內鄉 Route）（飯野往復）」，於「ふるさと広場」下車，車程約7分鐘，車費 ¥200。
※ 京成成田駅 → 京成佐倉駅（京成本線，約12分鐘，¥270）

香取市
Katori City

佐原水鄉
~古色古香

香取市佐原的小野川流域一帶，至今仍保留著江戶時代的街道，瀰漫濃厚歷史氣息，有「北總小江戶」之名外，也被稱為「佐原水鄉」。昔日的利根川是主要運輸網絡，作為支流的小野川周邊地區也成為河港，旅館和各式商店林立。由於當年的傳統建築物仍保存良好，因此於 1996 年獲選定為「重要傳統建造物群保存地區」。漫步在古色古香的街道，可看到從古傳承至今堅守業務的老店，有如穿越到古代的時空；乘坐小舟欣賞小野川沿岸的風光，兩旁垂柳隨風飄蕩，更顯古樸情懷，令人陶醉。

📍 千葉県香取市佐原イ
📞 +81-478-52-6675（水鄉佐原觀光協會）
🌐 https://www.suigo-sawara.ne.jp/
🚃 JR「佐原」駅徒步 10 分鐘。
　　※ 成田駅 → 佐原駅（JR 成田線，
　　　約 30 分鐘，¥510）

創業於 1804 年的福新服裝店，已傳承至第八代，現存是 1895 年的建築；經常成為電影、電視劇的拍攝場累。店內部分地方可以免費參觀。

於 1874 年開業的中村屋商店，是銷售雜貨和榻榻米的老店。

這間遲步庵咖啡店亦曾是日劇《東京下町古書店》的主要拍攝場景地。

伊能忠敬 (1745-1818) 在江戶時代曾為商人，也是醉心天文學和地理學的測量家，他在 50 歲後進行了 10 次巡視全國各地，繪製了日本第一張全國實測地圖而成為一代偉人。這所伊能忠敬故居是國家指定史蹟，免費讓公眾參觀，開放時間由 9:00 至 16:30，年末年始休息。

伊能忠敬紀念館介紹了他的生平和測量的偉業。成人入場費 ¥500、小/中學生 ¥250，開放時間由 9:00 至 16:30，星期一及年末年始休息。

在伊能忠敬故居前的樋橋，每天從 9:00 至 17:00 每隔 30 分鐘會有流水落下，重現了 300 年前輸送農業用水的情景，被選為「日本音風景百選」之一。

小江戶佐原遊覽船的乘船處就在樋橋前，營業時間由 10:00 至 16:30，成人收費 ¥1,300、小學生 ¥700。在 30 分鐘的泛舟之旅，涼風輕輕吹，沿河垂柳飄，細嘗小野川沿岸厚重的歷史建築，別具風味。

符さん助您安排行程：

建議以成田作為住宿據點，花兩日一夜遊覽成田市及周邊的歷史文化、美食、水鄉和購物等多元化景點。

銚子

Choshi

銚子市位於千葉縣的東北部、關東地區最東端，面向壯闊的太平洋。犬吠埼燈塔是銚子市的象徵，在此可以觀賞到日本最早的日出美景。在地球の丸く見える丘展望館能感受地球是圓的體驗。銚子漁港是全國數一數二最著名的漁港之一，漁獲量相當豐富，新鮮海產令人回味無窮。

JR銚子駅與銚子電鐵銚子駅是相連的，在月台便可轉車。

🚃 (1) JR東京駅 → JR銚子駅
    (JR總武本線特急しおさい号，約1小時50分，¥4,000(指定席))
   (2) JR成田駅 → JR銚子駅
    (JR成田線，約1小時20分，¥1,170)

🌐 銚子市觀光協會：https://www.choshikanko.com/
   京成TAXI成田：https://www.keiseitaxi-narita.com/
   銚子電鐵：https://www.choshi-dentetsu.jp/

銚子電鐵歷史悠久，充滿懷舊色彩。

有著葡萄牙風格的犬吠駅。

1 犬吠埼燈塔

建於 1874 年的犬吠埼燈塔，高度 31 米，是首座使用日本磚建造的燈塔。犬吠埼燈塔不僅是「世界歷史燈塔 100 選」之一，也是全國僅 16 座能夠入內攀登的燈塔之一。燈塔內的 99 級螺旋樓梯，據說設計構思來自九十九里濱。自 140 多年前亮燈以來，燈塔一直照亮大海，延續光芒，成為銚子的標誌。

📍 千葉縣銚子市犬吠埼 9576
📞 +81-479-25-8239（犬吠埼支所）
🕐 8:30-17:00；
　黃金周及 8 月 10 日至 19 日 8:30-17:30；
　10 月至 2 月 8:30-16:00

🅲 年中無休
💰 成人（中學生以上）¥300，小學生以下免費
🌐 https://www.tokokai.org/tourlight/tourlight03/
🚉 「犬吠」駅徒步約 10 分鐘。
※ 銚子駅 → 犬吠駅（銚子電鉄，約 20 分鐘，¥350）

2 犬吠 TERASU TERRACE
（犬吠テラス テラス）

以活化犬吠埼地域及振興當地觀光為目的，犬吠 TERASU TERRACE 於 2019 年元旦以嶄新形象開幕。樓高兩層的設施內，一樓有寬敞舒適的咖啡店、銚子啤酒犬吠釀造所、還有多達 120 款新鮮出爐的特式麵包店；二樓的絕佳觀景台，可以觀賞太平洋絕美的景色，也可在市場內選購豐富的銚子特產。

📍 千葉縣銚子市犬吠埼 9575-2
📞 +81-120-25-1240
🕐 10:00-18:00；冬季 10:00-17:00
🅲 年中無休
🌐 https://inubow-tt.com/
🚉 由犬吠埼燈塔徒步 1 分鐘。

犬吠 TERASU TERRACE 位處就在燈塔旁邊。

從咖啡店可以欣賞窗外的綠草如茵與海景，令人心曠神怡。

市場銷售許多地道物產和特色商品。

3 君濱海岸
（君ヶ浜海岸）

君濱是與犬吠崎相鄰約1公里的海岸線，距離燈塔步程只須5分鐘。在君濱可以看到青松和壯麗的太平洋景色，由於海浪大而沙幼細，造就成一個美麗的白色沙灘。「日本海灘100選」之一的君濱，也是銚子有代表性的景點，是悠閒散步的好地方。

📍 千葉県銚子市君ヶ浜
🌐 https://www.choshikanko.com/
🚃 由「君ヶ浜」駅徒步5分鐘；由「犬吠埼燈台」徒步5分鐘。
　※ 銚子駅 → 君ヶ浜駅（銚子電鉄，約17分鐘，¥300）

4 地球の丸く見える丘展望館

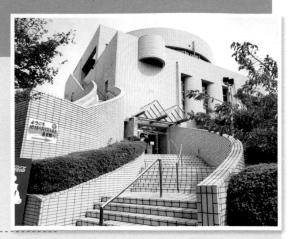

地球の丸く見える丘展望館位於標高 73.6 米的愛宕山的山頂上。展望館包括有商品區、展覽室、Café 和展望台。標高 90 米的展望台是北總地區的最高處，從這裡可以 360 度飽覽全景如鹿島灘、筑波山、太平洋、九十九里濱、屏風浦等壯闊景色，在 330 度的水平線上讓人感受到地球確實是圓的，很奇妙。

📍 千葉縣銚子市天王台 1421-1

🕐 9:00-18:30；10 月至 3 月 9:00-17:30

💰 成人 ¥420，65 歲以上長者 ¥360，小 / 中學生 ¥200(※ 與銚子 Port Tower 共通券：成人 ¥700，小 / 中學生 ¥350)

🌐 https://www.choshikanko.com/tenbokan/

📞 +81-479-25-0930

🗓 年中無休

🚃 「犬吠」駅徒步約 15 分鐘。

➔ 遊客都會站在展望台的中央，感受地球的圓度。

一樓的商品區有很多有趣的紀念品，還有銚子的醬油特產等。

三樓的 Café 330°是一邊品嘗茶點，一邊欣賞絕美景色的休閒地。

5 銚子 Port Tower

（銚子ポートタワー）

高度 57.7 米、全玻璃雙塔結構的銚子 Port Tower，於 1991 年落成。從 4 樓的展望室，可以 360 度無阻擋欣賞到銚子市街景、利根川和壯麗的太平洋等自然美景。俯首觀看腳下，是擁有日本最大漁獲量之一的銚子漁港，所以在 Port Tower 旁邊的「水產物即賣場 WOSSE 21」，可以品嘗新鮮上岸的漁獲。

📍 千葉県銚子市川口町 2-6385-267

📞 +81-479-24-9500

🕐 9:00-17:30；
4 月至 9 月的星期六、日、假期及 8 月份 9:00-18:30

🅲 星期四

💰 成人 ¥420，65 歲以上長者 ¥360，小 / 中學生 ¥200
※ 與地球の丸く見える丘展望館共通券：
成人 ¥700，小 / 中學生 ¥350

🌐 http://www.choshikanko.com/porttower/index.html

🚌 由 JR「銚子」駅前 4 號巴士站乘搭前往「川口・ポートセンター」（京成 TAXI 成田）路線巴士，於終點站下車，車程約 14 分鐘，車費 ¥290。

在「水產物即賣場 WOSSE 21」內，約有 15 間新鮮海產、乾貨及手信店。

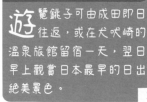

符 さん助您安排行程：

遊覽銚子可由成田即日往返，或在犬吠崎的溫泉旅館留宿一天，翌日早上觀賞日本最早的日出絕美景色。

JR 木更津駅西口。

木更津

Kisarazu

提 起木更津，應該會有很多人知道日本規模最大、店鋪數量最多的三井 OUTLET PARK 就在此地。木更津是一個港口城市，西邊是面向東京灣，所以擁有不少眺望富士山的絕佳景點，尤其日落美景最負盛名，絕對值得在購物以外多花一點時間去締造美好、浪漫的回憶。

🚇 JR 東京駅 → JR 袖ケ浦駅／JR 木更津駅（JR 京葉線（快速）・JR 內房線（快速），約 1 小時／1 小時 15 分鐘，¥1.170 ／ 1.340）

🌐 木更津市觀光協會：http://www.kisarazu.gr.jp/
小湊鐵道巴士：https://www.kominato-bus.com/
千葉中央巴士：https://www.chibachuobus.co.jp/

JR 袖ケ浦駅北口。

1 三井 OUTLET PARK 木更津（三井アウトレットパーク木更津）

~ 全國最大級

於 2012 年開幕的三井 OUTLET PARK 木更津，目前已擴大至 300 多間來自世界各地知名品牌的店舖，成為日本規模最大、店舖數量最多的大型購物中心。最接近三井 OUTLET PARK 木更津的 JR 車站是「袖ケ浦」駅及「木更津」駅，但在東京、新宿、池袋、品川、橫濱等均有高速巴士直抵 OUTLET，交通非常便捷，因此一直是人氣強勁的血拼聖地。

📍 千葉縣木更津市金田東 3 丁目 1 - 1

🕙 10:00-20:00；美食廣場 10:30-21:00；餐廳 11:00-21:00

📞 +81-438-38-6100

C 不定休

🌐 https://mitsui-shopping-park.com/mop/kisarazu/

🚌 (1) 由 JR「袖ケ浦」駅北口 1 號巴士站乘搭前往「（三井 OUTLET PARK 經由）木更津駅」（小湊鐵道）巴士，車程約 10 分鐘，車費 ¥200。

　　(2) 由 JR「木更津」駅西口 2 號巴士站乘搭前往「（三井 OUTLET PARK 經由）袖ケ浦駅」（小湊鐵道）巴士，車程約 26 分鐘，車費 ¥360。

　　(3) 由「東京」駅八重洲口 12 號巴士站乘搭高速直行巴士，車程約 45 分鐘，車費 ¥1,400。

　　(4) 由「新宿」駅西口 35 號巴士站乘搭高速直行巴士，車程約 55 分鐘，車費 ¥1,500。

只要是天氣良好，每日都吸引許多人前來觀賞日落。

2 江川海岸

從巴士下車後，在路口便看到指示牌。

~ 死前想看的千葉縣絕景

位於木更津市的江川海岸，是東京灣唯一僅存的天然泥灘，除了在每年3月至7月能夠參與摸蜆體驗而大受歡迎之外，這裡也是觀賞日落的人氣景點。曾幾何時，江川海岸因日落之時海中電柱與被夕陽染紅的東京灣絕景而成為話題，更被當地人認為是「死前想看的千葉縣絕景」。不過，因海中電柱日漸殘破及避免對船隻造成意外，電柱已在2019年9月被拆除。雖然如此，江川海岸的日落絕景依然人氣高企，全因拆除了電柱卻移不走富士山。在夕陽徐徐落下之時，富士山神秘地登場，既浪漫又迷人，難怪它有這麼強勁的吸引力。

前往江川海岸與三井 OUTLET PARK 木更津的巴士是相同的，但在「江川」下車後需要步行約2公里、需時30分鐘。

🅿 千葉縣木更津市江川576-6

🚌 (1) 由 JR「袖ケ浦」駅北口1號巴士站乘搭前往「木更津駅」（小湊鐵道）巴士，於「江川」下車，車程約23分鐘，車費¥360。

(2) 由 JR「木更津」駅西口2號巴士站乘搭前往「袖浦駅」（小湊鐵道）巴士，於「江川」下車，車程約8分鐘，車費¥220。

(3) 由 JR「巖根」駅乘搭的士約15分鐘。

雖然要步行30分鐘才到江川海岸，但沿途全是平地，走得輕鬆。

富士山隨著太陽徐徐落下，慢慢地現於眼前，給來訪者送上驚喜，怪不得近年來這裡被譽為東京灣的最美日落之一。

3 中の島大橋・中の島公園

位 於木更津港口紅色奪目的中の島大橋,於1975
年落成,橋高27米,長236米,連接鳥居崎海
濱公園和中の島公園,是日本最高的行人專用天橋,
為木更津市的象徵。從橋上可俯瞰東京灣和市內的景
色,尤其夕陽西下眺望對岸的東京、橫濱,甚至富士
山的美景都非常壯麗。越過中の島大橋可到達的中の
島公園,因黃昏時的富士山背景而被選定為「戀人的
聖地」,吸引了許多情侶來觀景談心,充滿浪漫氣氛。

遠眺的中の島大橋,顯出優美的流線造型。

📍 千葉県木更津市富士見地先
🕐 24小時
🌐 http://www.kisarazu.gr.jp/
🚃 JR「木更津」駅(西口)徒步15分鐘。

附近的魚貝市場銷售多種新鮮海產和
乾貨,海鮮茶屋也提供海鮮燒烤放題,
場地規模不小。

橫過中の島大橋便是中の島公園,
是一雙一對的戀人浪漫聖地。

符さん有感:

造 訪之時正值大橋進行加強耐震工程而禁止通
行(2021年8月至12月),無法踏上全國最
高的行人天橋和到訪「戀人の聖地」浪漫一番,
實在有點遺憾。

169

袖ヶ浦
Sodegaura

東京德國村
（東京ドイツ村）

於 2001 年開園的東京德國村，是一個綠草如茵的主題公園，也是千葉縣的代表性賞花勝地。在佔地 91 公頃的廣闊土地上，種植了櫻花、芝櫻、粉蝶花、玫瑰、鬱金香、繡球花、萬壽菊等，四季都能看到鮮花盛開的風景傑作。在冬季的點燈活動，更贏得日本關東三大燈飾之一的美譽。園內還有各種有趣的活動及設施，如機動遊戲、釣魚池、高爾夫球、動物園、體驗工房、花生及蕃薯的收穫體驗等等，大人小孩都能樂在其中。

📍 千葉県袖ヶ浦市永吉 419

📞 +81-438-60-5511

🕐 9:30-17:00

🅲 年中無休

💰 成人 ¥800，4 歲至小學生 ¥400（各種活動、遊戲另需付費）

🌐 https://t-doitsumura.co.jp/

🚌 (1) 由 JR「袖ケ浦」駅南口 2 號巴士站乘搭前往「東京ドイツ村」巴士，車程約 34 分，車費 ¥540。（※ 平日只有一班車，星期六、日及假期有三班車）

(2) 由 JR「袖ケ浦」駅乘搭的士約 20 分鐘。

(3) 由 JR「千葉」駅東口 21 號巴士站乘搭「カピーナ号」（千葉中央）高速巴士，車程約 44 分，車費 ¥950。

9 月上旬至 10 月下旬期間，4 萬棵萬壽菊爭相盛開，美如畫作。

10 月上旬至下旬期間，1 萬 5 千棵雞冠花也來爭艷鬥麗。

大草坪上設有各種免費的兒童遊樂設施。

訪客可親自採摘新鮮香菇，按重量付款。

體驗工房、麵包工房等建築均洋溢德國風格。

符 さん 助您安排行程：

許多朋友到東京旅行時，經常會即日往返三井 OUTLET PARK 木更津購物。如果能安排去 OUTLET 附近的江川海岸或中の馬大橋觀賞夕陽富士，旅程將會更加精彩。若打算留宿一天，木更津駅附近的酒店比袖ヶ浦駅有較多選擇。

園內有餐廳、Café 及 BBQ 場地，提供各種美食。

171

富津·南房總·館山

Futtsu · Minamiboso · Tateyama

位於千葉縣南端的富津、南房總及館山，各有一些景點位處在 JR 內房線及其周邊，交通都很便捷。富津市的 MOTHER FARM，是縣內最受歡迎的牧場；鋸山的地獄觀景台，一直人氣爆燈；南房總的富浦町享有枇杷之鄉的美譽，枇杷俱樂部的原創枇杷商品極具特色；野島埼燈塔可觀賞房總最南端的日出和日落絕景；館山市城山公園的絕景觀景台，浪漫景致觸動人心。

🚃 (1)JR 木更津駅 → JR 君津駅（JR 內房線，約 7 分鐘，¥200）
　　(2)JR 木更津駅 → JR 佐貫町駅（JR 內房線，約 20~32 分鐘，¥330）
　　(3)JR 木更津駅 → JR 浜金谷駅（JR 內房線，約 35~50 分鐘，¥590）
　　(4)JR 木更津駅 → JR 富浦駅（JR 內房線，約 1 小時，¥860）
　　(5)JR 木更津駅 → JR 館山駅（JR 內房線，約 1 小時 15 分鐘，¥990）

🌐 富津市觀光協會：https://www.futtsu-kanko.info/
　　南房總市觀光協會：https://www.cm-boso.com/
　　館山市觀光協會：https://tateyamacity.com/
　　日東交通（路線巴士）：http://www.nitto-kotsu.co.jp/rosen/
　　JR 關東巴士：http://www.jrbuskanto.co.jp/

1 MOTHER FARM （マザー牧場）~ 親子遊勝地

於 1962 年創建的母親牧場，位於房總半島的山丘上，可欣賞到房總半島、東京灣和富士山的壯麗景色。在佔地 250 公頃的牧場裡，可看到綿羊、山羊、馬、豬、羊駝和兔子等許多動物和精彩的表演項目，也可親近動物和參與餵飼體驗，樂趣無窮。體驗工房亦具吸引，芝士、牛油及雪糕等製作是很受歡迎的親子活動。場內還有各式機動遊戲，小朋友必定能樂在其中。季節限定的藍莓及士多啤梨等採摘體驗，老少咸宜。在廣闊的草坪上，350 萬棵油菜花、100 萬棵粉蝶花、3 萬 5 千棵牽牛花和 10 萬棵水仙等隨季節滿開，四時景致美麗。

- 📍 千葉県富津市田倉 940 - 3
- 📞 +81-439-37-3211
- 🕐 2 月至 11 月 9:30-16:30(星期六、日及假期 9:00-17:00)；12 月至 1 月 10:00-16:00(星期六、日及假期 9:30-16:00)
- Ⓒ 不定休（請瀏覽網站）
- 💲 成人（中學生以上）¥1,500，4 歲至小學生 ¥800（各項活動另需付費）
- 🌐 http://www.motherfarm.co.jp/
- 🚌 (1) 由 JR「君津」駅南口 1 號巴士站乘搭「君津・マザー牧場線」（日東交通）巴士，於「マザー牧場」下車，車程約 30～40 分鐘，車費 ¥720。
     (2) 由 JR「佐貫町」駅前乘搭「鹿野山線」（日東交通）巴士，於「マザー牧場」下車，車程約 25 分鐘，車費 ¥490。

牧場的創立者前田久吉，出身自貧窮的農家，因難忘母親在他兒時的一番話：「如果我們有一頭牛，生活會好起來了。」因此以「母親牧場」命名，獻給亡母。

● 由牧羊犬引領約 200 隻綿羊的大巡遊表演，是最有看點的項目。

羊駝真的很可愛，難怪
一直是園內的大明星。

多間餐廳供應的美食眾多，
賣相既吸晴又美味。

從 21 米高的塔上挑戰笨豬跳，您可有膽量？
小學生以上至 65 歲以下的勇者便可參與，
收費 ¥2,500。

騎馬體驗輕鬆駕馭無難度，保證您開心，
收費 ¥700。

2 鋸山

～窺探地獄之旅

標高 329 米的鋸山，北接富津市，南接鋸南町，因山頂部份呈鋸齒形狀而得名。由江戶時代到 1985 年為止，鋸山一直是優質的建築材料房州石的採石場，及後因自然保育關係而被禁止採石，並對外開放成為知名的遊覽勝地。鋸山上有多個著名景點，包括日本寺、百尺觀音、地獄觀景台、千五百羅漢像及石大佛等。乘坐纜車登上鋸山山頂，可以將房總半島、東京灣及富士山的美景盡收眼底。從山頂可以開展日本寺景點的散策路線，參觀是另需購票，遊覽時間來回大約 90 分鐘。

鋸山纜車是千葉縣內唯一的纜車，由山麓駅到山頂駅只須 4 分鐘。

乘坐纜車到達鋸山山頂，很快就來到這個打卡地標。

從山頂展望台俯瞰保田、元名海岸的景色。

鋸山纜車
（鋸山ロープウェー）

🔹 鋸山山麓駅。

🔹 鋸山山頂駅。

📍 千葉縣富津市金谷 4052-1
📞 +81-439-69-2314
🕐 9:00-17:00；冬季 (11月16日至2月15日) 9:00-16:00
🔄 每年 1 月中旬年檢，休息約一星期
💰 來回收費：成人 (12歲以上) ¥950，小童 (6歲以上) ¥450
🌐 http://www.mt-nokogiri.co.jp/pc/p010000.php
🚃 JR「浜金谷」駅徒步 10 分鐘。

日本寺

日本寺正式名稱為「乾坤山日本寺」，由聖武天皇於 725 年下令興建、行基菩薩開創，是關東現存最古老的名寺。境內的百尺觀音、千五百羅漢像及石大佛（藥師琉璃光如來）等，都是非常珍貴的雕刻傑作，全年參拜者眾，也成為當地學校旅行熱點。

- 📍 千葉縣安房郡鋸南町鋸山
- 📞 +81-470-55-1103
- 🕐 8:00-17:00
- 📅 年中無休
- 💴 成人 ¥700，4 歲至 12 歲 ¥400
- 🌐 http://www.nihonji.jp/
- 🚡 由纜車山頂駅徒步 5 分鐘。

由纜車山頂駅徒步 5 分鐘，便來到日本寺（西口）入口，訪客需要在此繳付拜觀費。

從陡峭的岩石中突出的觀景台，日文正式名稱為「窺視地獄」，是鋸山的地標。站在觀景台探頭觀望山下，名副其實有如地獄般恐怖，但也是最具人氣的打卡點。

進入日本寺境內，最先來到的是百尺觀音。經歷 6 年時間的精工雕刻，在 1966 年竣工的百尺觀音，是繼大佛後備受注目的雕刻。

象徵著世界和平的石大佛，正式名稱為「藥師琉璃光如來」，於 1783 年由知名雕刻家大野甚五郎英令率領 27 名門徒花 3 年時間而完成。經歷多年的風雨侵蝕，大佛曾在 1966 年進行了長達 4 年的修復工程。現在佛像高度為 31 米，仍然坐穩日本第一大佛之位，氣勢依然強勁。

鋸山是世界第一的羅漢靈場，在千五百羅漢道共有 1,553 座羅漢，也是出自大野甚五郎英令和其門徒之手，製作時間長達 21 年。

● The Fish 的外觀。

3 Bay Side Fresh Market Place

～ The Fish

距離 JR 浜金谷駅只有 7 分鐘步程的金谷港，是往來神奈川縣久里浜港的東京灣渡輪碼頭，前往久里浜港船程只須 35 分鐘。碼頭附近有一間新鮮市場 The Fish，售賣各式海產、乾貨和手信外，還有可以品嘗在南房總捕獲的海鮮的餐廳。此外，周邊也有幾間大型食店，同樣主打海鮮美食，如壽司、海鮮燒烤等。遊畢鋸山後，可順道到此品嘗新鮮海產和選購手信。

The Fish 市場內銷售的海產商品種類繁多，是選購手信的好地方。

📍 千葉県富津市金谷 2288(南房総金谷港)

📞 +81-439-69-2161

🕐 9:30-18:00(星期六、日及假期 9:00 營業)；餐廳 11:00-17:30

🅲 年中無休

🌐 http://thefish.co.jp/

🚃 JR「浜金谷」駅徒步 7 分鐘。

「船主」地魚迴轉壽司，標榜採用東京灣的新鮮漁獲作食材。營業時間：11:00-19:00(星期六、日及假期至 20:00)。

「まるはま」海鮮燒烤放題大受歡迎，營業時間：11:00-16:30 (星期六、日及假期 10:30-18:00)，逢星期四休息。

別忘記離開金谷港前，到「戀人の聖地」拍照，浪漫一番。

4 道の駅富浦・枇杷倶樂部

（道の駅とみうら・枇杷倶楽部）

南　房總生產枇杷已有 250 年歷史，是繼九州長崎縣之後，日本枇杷第二大產區，而當中的富浦町是代表性產區之一。自明治 42 年（1902 年）以來，南房總的枇杷一直是進貢日本皇室的最上等名果。

作　為枇杷之鄉，富浦町在 1993 年落成的千葉縣第一個道的驛就取名為「枇杷倶樂部」，它曾在 2000 年獲得全國道的驛最優秀大獎。在枇杷倶樂部裡，到處可見各式各樣以枇杷原創的產品，十分獨特，非常吸引。在花園茶座，可以一邊欣賞花田，一邊品嚐枇杷咖哩等招牌美食；小賣店的人氣 No.1 枇杷軟雪糕，更是不容錯過。在每年 5 月至 6 月的枇杷收成期間，可參與全國少有的枇杷採摘體驗；而在 1 月至 5 月期間，也有士多啤梨採摘放題活動。各種採摘體驗都大受歡迎，經常火速滿額，事前必須網上預約。

俱樂部內陳列滿滿的枇杷原創商品，種類真的多不勝數，創意超凡。

- 📍 千葉縣南房總市富浦町青木 123-1
- 📞 +81-470-33-4611
- 🕐 10:00-17:00（星期六、日及假期 9:15-17:00）；花園茶座 10:30-16:30
- 💰 枇杷採摘 ¥2,400~¥2,700；士多啤梨採摘 ¥1,000~¥1,800
- 🅒 年中無休
- 🌐 http://www.biwakurabu.jp/
- 🚃 (1) 由 JR「富浦」驛徒步 15 分鐘。
  (2) 由 JR「館山」驛東口乘搭「館山市內線（なむや方向）」（日東交通）巴士，於「とみうら枇杷倶樂部」下車，車程約 23 分鐘，車費 ¥420。（由「城山公園前」上車則需時 31 分鐘，車費 ¥490。）

果汁、啫喱、布甸、果醬、蛋糕、曲奇、咖哩等等，全以枇杷製造。

「房州枇杷」肥大肉厚又新鮮,所以能成為皇室百年名果。

花園茶座鳥語花香,令人賞心悅目。

休憩空間寬敞舒適,的確是很好的休息站。

油菜花是千葉縣的縣花,這裡就是南房總最大的油菜花田,每年2月中旬花田滿開時,一邊用餐、一邊賞花,非常寫意。

果然是人氣道の駅,造訪的名人不絕。

曾獲道の駅最優受大獎的枇杷倶樂部,門外的超大枇杷雕刻非常吸睛。

5 野島埼燈塔

位於房總半島最南端海岬的野島埼燈塔，由法國技師設計，於 1869 年落成亮燈，是日本第二古老的西式燈塔，雖然曾於 1923 年關東大地震中倒塌，但在兩年後已復原了八角形的白色燈塔原貌。野島埼燈塔是日本全國僅 16 座能夠入內參觀的燈塔之一。登上塔頂的展望區，可俯瞰一望無際的太平洋絕妙美景。野島埼燈塔為「日本燈塔50選」之一，也被登錄為國家有形文化財產。

📍 千葉県南房総市白浜町白浜 630

📞 +81-470-38-3231（野島埼燈台資料展示室）

🕐 3 月至 9 月 9:00-16:00（星期六、日及假期 8:30-17:00）；10 月至 2 月 9:00-16:00（星期六、日及假期 8:30-16:00）

C 天氣惡劣時暫停開放

💲 中學生以上 ¥300

🌐 https://www.tokokai.org/tourlight/tourlight04/

📖 由 JR「館山」駅東口 3 號巴士站乘搭前往「安房白浜」（JR關東）巴士，於「野島崎灯台口」下車後徒步 10 分鐘，車程約 36 分鐘，車費 ¥ 610。

燈塔附近綠草如茵，閒逛非常寫意。

在傳說的岩屋中，供奉著八爪魚海神。

大岩石上是能觀賞房總最南端的日出和日落的絕佳位置。

房總半島最南端的紀念碑。

在大岩石上俯瞰的燈塔和遊步道。

符さん有感：

這次疫下造訪野島埼燈塔，一心想登上塔頂，從房總半島最南端欣賞東京灣和太平洋的美景，卻遇上因疫情升溫而暫停開放。幸好燈塔附近設有整備完善的遊步道，悠閒地散步也能樂在其中。遊步道入口附近有幾間海鮮料理店亦沒有營業，希望他們能抵得過疫情的侵襲，可以恢復生計。

許多遊客爭相爬上這大岩石上，觀賞太平洋的景色。

6 城山公園・館山城

城山公園位於館山市南側的小山丘上，是戰國時期武將里見氏的居城遺址。公園內種植了 200 棵梅花、500 棵櫻花和 6,400 棵杜鵑花等，是館山著名的賞花名所。站在山頂的展望台，可以欣賞館山灣和館山市街的壯麗風光，晴天時還能眺望隔海的富士山絕景。公園內還有館山城和館山市立博物館（本館）等參觀設施。

📍 千葉県館山市館山 362

📞 +81-470-22-8854（城山公園管理事務所）

🕐 9:00-16:45

🅲 星期一（公眾假期則順延至翌日）及年末年始

💴 成人 ¥400，小／中學生 ¥200

🌐 https://www.tsukahara-li.co.jp/tateyama/

🚌 (1) 由 JR「館山」駅東口 3 號巴士站乘搭前往「洲の崎」（JR 關東）巴士，於「城山公園前」下車後徒步 8 分鐘，車程約 7 分鐘，車費 ¥190。

(2) 由 JR「館山」駅前乘搭前往「館山航空隊」（日東交通）巴士，於「城山公園前」下車後徒步 8 分鐘，車程約 8 分鐘，車費 ¥190。

城山公園擁有館山市首屈一指的絕景展望台，天清氣朗下能遠眺伊豆半島和富士山的壯麗景色。

矗立在山頂上的館山城（八犬傳博物館），
於 1982 年開館，是日本唯一以江戶時代的
長篇傳奇小說「南總里見八犬傳」為主題
的博物館。

腳下的館山灣和館山市貌一覽無遺，非常美麗。

● 這裡也被選定為
「戀人の聖地」。

於 1983 年開館的館山市立博物館（本館），
是展示安房地區的歷史民俗資料館。

多個可觀性高的作品
散落在雕刻小徑上。

符さん助您安排行程：

建 議可安排木更津為住
宿據點，花兩至三天
遊覽富津、南房總及館山
的景點。

183

千葉市
Chiba City

三井 OUTLET PARK 幕張
（三井アウトレットパーク幕張）

千葉縣共有3個 OUTLET PARK，包括三井 OUTLET PARK 木更津、SHISUI PREMIUM OUTLETS 及三井 OUTLET PARK 幕張。雖然海浜幕張駅前的三井 OUTLET PARK 幕張的規模不算太大，只擁有140家國內外品牌店舖，但由東京乘搭 JR 京葉線前往，只需要30分鐘，非常方便，是購物閒逛的好地方。

📍 千葉県千葉市美浜区ひび野2丁目6-1
📞 +81-43-212-8200
🕙 10:00-20:00；餐廳營業時間各店有異
🅒 不定休
🌐 https://mitsui-shopping-park.com/mop/makuhari/
🚄 JR 京葉線「海浜幕張」駅南口即到達。

浦安市
Urayasu City

東京迪士尼樂園・東京迪士尼海洋

東京迪士尼度假區於1983年已開幕，是亞洲第一個迪士尼主題公園。雖然以東京迪士尼為名，其實位處在千葉縣內的浦安市，但緊靠東京都。有別於香港的迪士尼樂園，日本的度假區分為迪士尼樂園及迪士尼海洋，所以絕對比香港的更精彩、更好玩。

📍 千葉県浦安市舞浜1-1
📞 +81-570-00-8632
🕐 9:00-21:00
🅒 年中無休（有臨時休息）
💴 1 Day Passport 入場費：成人¥7,900~¥9,400，中學生¥6,600~¥7,800，小學生¥4,700~¥5,600（※ 另有指定時間入場等多種票價，詳情請瀏覽網站）
🌐 https://www.tokyodisneyresort.jp/
🚇 由JR「東京」駅乘搭「京葉線」，於JR「舞浜」駅下車，車程約15分鐘，車費¥220。

※ 前往東京迪士尼海洋，再要到「リゾートゲートウェイ・ステーション（Resort Gateway Station）」轉乘「ディズニーリゾートライン（Disney Resort Line）」，於「東京ディズニーシー・ステーション（Tokyo DisneySea Station）」下車，車程9分鐘，車費¥260。

埼玉縣 Saitama

埼玉縣位於關東地區的中部，縣內大部分地區連接東京市中心的鐵路網絡相當完善，成為前往東京上班一族的居住區。埼玉縣雖然鄰接東京都，但至今仍保留著復古的情懷和純樸的自然風貌，造就了不少熱門旅遊景點。在小江戶川越閒逛，細味藏造、時の鐘、喜多院等歷史之地，猶如踏上時光倒流的空間裡。秩父地方擁有豐富的大自然風光，讓人洗滌身心，流連忘返。芝櫻の丘的絕美花毯、長瀞溪谷的天然造景、寶登山的梅園等，都是埼玉縣自豪的觀光勝地。

🌐 https://ch-han.chocotabi-saitama.jp/

川越

Kawagoe

位於埼玉縣西南部的川越市，有「小江戶」之稱而廣為人知，是埼玉縣的重點觀光地。川越在江戶時代作為城下町蓬勃發展，由於幸運地避過戰火和地震的破壞，至今仍然保留了許多有歷史價值的文化財產，被國家認定為「歷史都市」。川越一番街（蔵造りの町並み）、時の鐘、菓子屋橫丁、喜多院、五百羅漢等，都是極受歡迎的景點。只不過半小時多，就能夠由煩囂的東京鬧市來到古色古香的小江戶，感受往昔美好的古樸風情。

🚃 (1) 池袋駅 → 川越駅／川越市駅（東武東上線（急行），約 30 ／ 33 分鐘，¥480）
　　(2) 西武新宿駅 → 本川越駅（西武鐵道新宿線（急行），約 58 分鐘，¥510）
🌐 小江戶川越觀光協會：https://koedo.or.jp/
　　東武巴士：https://www.tobu-bus.com/
　　西武巴士：https://www.seibubus.co.jp/

紫蕾薯是川越的名物，所以有許多食品都以紫蕾薯來作材料，如拉麵、雪糕和菓子棒等。

小江戶巡迴巴士
（小江戶巡回バス）

由 川越駅西口2號巴士站出發循環行駛，途經本川越駅、蓮馨寺、蔵の街、喜多院、博物館．美術館、冰川神社、菓子屋橫丁等多個主要觀光景點。憑一日乘車券可獲部分飲食店、手信店及觀光設施提供折扣優惠。

単程收費：成人¥200，小童¥100／一日乘車券：成人¥500，小童¥250

川越駅觀光案內所、本川越駅觀光案內所或在車上購買

http://www.new-wing.co.jp/koedo/index.html

小江戶名所周遊巴士
（小江戶名所めぐりバス）

由 川越駅東口3號巴士站出發，行經喜多院、博物館、冰川神社、一番街、川越市等。沒設單程收費，只有一日乘車券，憑券也可獲部分飲食店、手信店及觀光設施提供折扣優惠。

一日乘車券：成人¥400，小童¥200

川越駅觀光案內所或在車上購買

12月31日至1月3日及川越祭期間停駛

https://www.tobu-bus.com/pc/area/koedo.html

1 川越八幡宮

～ 祈願天賜良緣

川越八幡宮是由武將源賴信公於平安時代長元3年(1030年)創建的古老神社。自古以來，這座神社作為勝利之神深受崇敬，時至今日仍然有許多考生和運動員前來祈求勝利。此外，為紀念明仁天皇誕辰而在1933年種植了兩棵御神木大銀杏，據說兩棵銀杏樹被綁在一起後，對良緣和安產特別靈驗而聞名全國。

📍 埼玉県川越市南通町 19 - 1
📞 +81-49-222-1396
🕐 24 小時
🈵 年中無休
🈶 免費參拜
🌐 http://kawagoe-hachimangu.net/
🚉 「川越」駅(東口)徒步6分鐘／「本川越」駅徒步7分鐘。

鳥居後的御神木大銀杏吸引許多人前來祈願和觸摸它，希望能天賜良緣。

兩旁排列著朱紅色燈籠的表參道，曾榮獲川越市「都市景觀賞」。

2 仙波東照宮
~日本三大東照宮

穿過隨身門和石鳥居,就來到拜殿及幣殿。

歷代川越城主奉獻的石燈籠共有二十六座,令境內呈現出厚重的歷史感。

東照宮是供奉德川家康的神社,在全國各地共有100多座。川越的仙波東照宮,是日本三大東照宮之一。據說德川家康的遺體於1617年由久能山移葬至日光途中,曾在喜多院進行了為期四天的祭祀。其後於1633年,第27代住持天海僧正於喜多院的南側正式興建了華麗的仙波東照宮,但卻在1638年被大火燒毀,現存的東照宮是在1640年重建而成。本殿、唐門、瑞垣、拜殿、幣殿、隨身門及石鳥居的建築,全被指定為國家重要文化財產。

※ 日本三大東照宮:栃木縣日光東照宮、靜岡縣久能山東照宮及埼玉縣仙波東照宮。

📍 埼玉県川越市小仙波町1丁目21-1
📞 +81-49-224-3431
🕐 10:00-16:00(星期日及假期)
🄲 星期一至星期六(假期除外)
🆓 免費
🌐 http://kawagoe-hachimangu.net/
🚉 「本川越」駅徒步10分鐘。

唐門、本殿及瑞垣的建築甚具氣派。

191

由慈覺大師圓仁於830年創建的喜多院，供奉著消除厄運的「川越大師」，是縣內知名的寺院。這裡最大的看點是德川第三代將軍家光出生的房間「客殿」和其乳娘春日局的化妝間「書院」，均是由江戶城紅葉山的別館遷移至此的重要文化財產。從客殿看到的紅葉山庭園裡，還可欣賞到由德川家光親手栽種的垂枝櫻。位於山門側的「五百羅漢」被列為日本三大羅漢之一，共538尊羅漢各有不同的表情，非常精彩。院內的慈惠堂、多寶塔、鐘樓門等都可免費參觀；「客殿」、「書院」及「五百羅漢」需要在庫裏購買買入場券。

建於1632年的山門，是唯一能避過1638年的川越火災，為喜多院現存最古老的建築。

3 喜多院

～埼玉縣的名寺

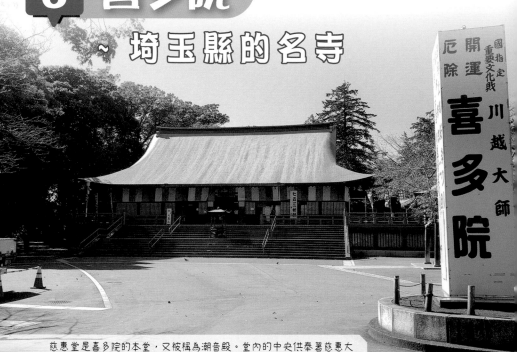

慈惠堂是喜多院的本堂，又被稱為潮音殿。堂內的中央供奉著慈惠大師，左右則供奉著不動明王。

高度達 13 米的多寶塔，呈現出江戶時代初期的建築風格。

庫裏是參觀「客殿」和「書院」的入口及售票處，票價是包括參觀「五百羅漢」。

📍 埼玉県川越市小仙波町 1 丁目 20-1

📞 +81-49-222-0859

🕐 3 月 1 日至 11 月 23 日 9:00-16:30；
星期日及假期 9:00-16:50 /
11 月 24 日至 2 月 28 日 9:00-16:00；
星期日及假期 9:00-16:20

🅲 12 月 19 日至 1 月 15 日、2 月 2 日至 3 日、
4 月 2 日至 4 日

💴 成人 ¥400，小／中學生 ¥200

🌐 https://www.kawagoe.com/kitain/

📖 (1)「川越」駅（東口）徒步 20 分鐘／
「川越市」駅徒步 18 分鐘／「本川越」
駅徒步 15 分鐘。
(2) 由「川越」駅／「本川越」駅乘搭「小
江戶巡迴巴士」，於「喜多院」下車，
車程約 12 ／ 6 分鐘。
(3) 乘搭「小江戶名所周遊巴士」，於「喜
多院前」下車，車程約 8 分鐘。

「五百羅漢」的入口在手信店旁邊，較為隱蔽。

庫裏內的通道充滿歷史氣息，「客殿」和「書院」內都擁有許多文物，但嚴禁拍攝。

參觀表情多多的「五百羅漢」，既可豐富視覺，又可領悟當中的含意來提升智慧。

4 川越歷史博物館

在川越城築城 530 周年之時而開設的歷史博物館，展示和介紹與川越城和川越藩相關的歷史資料，保存了許多川越的寶貴文化遺產。館內展出的江戶時代武士刀、盔甲、忍者劍和夜物等寶物，部分還可以觸摸，十分難得。

📍 埼玉県川越市久保町 11 − 8
📞 +81-49-226-0766
🕐 10:00-17:00
🅒 年中無休
💲 成人 ¥500，小童（中學生以下）¥300
🌐 http://www.kawagoe-rekishi.com/
🚃「川越市」駅徒步 20 分鐘／「本川越」駅徒步 15 分鐘。
　※ 位於喜多院北參道入口。

5 川越熊野神社

據說這座神社始建於 1590 年，原是蓮馨寺的一部分，於 1868 年神佛分離後，成為川越熊野神社，一直延續至今，是開運和結緣之神。每年 12 月 3 日在神社舉行的「酉の市」備受注目，眾多善男信女聚集，非常熱鬧；每月第三個星期日在境內嚴島神社舉辦的「緣日」也很受歡迎。

📍 埼玉県川越市連雀町 17 − 1
📞 +81-49-225-4975
🕐 24 小時
🅒 年中無休
💲 免費
🌐 https://kawagoekumano.jp/
🚃「本川越」駅徒步 8 分鐘／「川越市」駅徒步 11 分鐘／「川越」駅（東口）徒步 17 分鐘。

川越熊野神社的拜殿。

在神社參道兩旁設有卵石健康路，為參拜者添上樂趣，大人小孩都喜歡挑戰它。

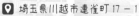

6 蓮馨寺

蓮馨寺創建於 1549 年，屬淨土宗派別的寺院。蓮馨寺供奉著呑龍上人，據説能護佑除厄運、安產育子、家庭平安、生意興隆和學業有成等。每月 8 日為呑龍上人的緣日「呑龍日」，在境內會舉行廣受歡迎的集市，氣氛熱鬧。

- 📍 埼玉県川越市連雀町 7－1
- 📞 +81-49-222-0043
- 🕐 24 小時
- 🅲 年中無休
- 💲 免費
- 🌐 https://renkeiji.jp/
- 🚉 「本川越」駅徒步 6 分鐘。

據説觸摸鎮守在呑龍堂前的「おびんずる樣」佛像後，病者便能得到痊癒，所以大有人氣。

7 大正浪漫夢通り

充滿大正浪漫氣圍的商店街，雖然全長只有 200 米，但從紀念品店至日常用品店，都洋溢大正時代歐式建築風格，相當獨特。當中也有一些是從江戶時代經營至今、或是傳承至第三代的老字號，努力傳承家族產業。這裡也曾是不少電視節目及電影的拍攝場地。

- 📍 埼玉県川越市連雀町 13-6
- 🕐 各店有異
- 🅲 各店有異
- 🌐 https://www.koedo.com/
- 🚉 「本川越」駅徒步 10 分鐘。

建於大正 7 年（1918 年）的埼玉りそな銀行川越支店，已被登錄為有形文化財產。

8 川越一番街（蔵造りの町並み）

江戸時代，川越城下町發展成商業城市，非常熱鬧。由於經歷了 1893 年發生的川越大火，令鎮上紛紛建造防火的蔵造。時至今日，在川越一番街仍保留了強烈的城下町印象，黑漆的蔵造一字排開，瀰漫著濃厚的歷史情懷，並於 1999 年被選為國家「重要傳統的建築物群保存地區」。現存的 30 多座蔵造，仍然活躍地經營各式店舖，觀光客熙來攘往，是川越最熱鬧的地方。

- 📍 埼玉県川越市幸町 15 － 7
- 📞 +81-49-227-9496（小江戶川越觀光協會）
- 🕐 各店有異
- 🅒 各店有異
- 🌐 https://kawagoe-ichibangai.com/
- 📖 (1)「本川越」駅徒步 10 分鐘。
  (2) 由「川越」駅／「本川越」駅乘搭「小江戶巡迴巴士」，於「蔵の街」下車，車程約 12 ／ 6 分鐘。
  (3) 乘搭「小江戶名所周遊巴士」，於「一番街」下車，車程約 24 分鐘。

9 時の鐘

三層構造的時の鐘，高度達 16 米。

豎立在一番街的時の鐘，由江戶時代寬永年間的川越藩主酒井忠勝所創立，是小江戶川越的象徵。最初的時の鐘建於 1634 年，其後經歷過三場大火，但每次災後都有重建，現在第四代的時の鐘是在 1893 年川越大火後翌年落成。在過去接近 400 年以來，鐘樓每天都準時鳴鐘四次（上午 6 時、正午 12 時、下午 3 時和 6 時），這飄盪在古樸風情老街上的鐘聲，於 1996 年入選為「日本音風景 100 選」之一。

在時の鐘的後方，有一座藥師神社，供奉著藥師如來，護佑五穀豐收、家運昌隆和百病痊癒等。

- 📍 埼玉県川越市幸町 15 － 7
- 🕐 24 小時
- 🌐 https://www.koedo.or.jp/spot/
- 📖「本川越」駅徒步 13 分鐘。

10 川越祭

川越祭起源自冰川神社舉行的「例大祭」，以及翌日舉行的「神幸祭」和「山車巡遊祭禮」的結合，是關東三大祭典之一，至今已擁有370年歷史，是國家指定重要無形民俗文化財產。川越祭在每年10月第三個星期六、日舉行，最大看點是重現江戶「天下祭」的山車巡遊部分，多輛絢麗豪華的巨型山車穿梭在傳統建築藏造古老街道上，場面相當壯觀，人潮洶湧。

🌐 https://www.kawagoematsuri.jp/index.html

11 川越祭會館
（川越まつり會館）

位於一番街的川越祭會館，全年都可以在此感受川越祭的特色和魅力。館內詳細介紹川越祭的歷史和資料外，更展出兩台真實在祭典中巡遊的巨型山車，非常壯觀，而山車也會定期作出更換，保持可觀性。此外，每逢星期日及假日，也會推出傳統祭典項目「雜子」伴奏表演。

📍 埼玉県川越市元町2丁目1－10
📞 +81-49-225-2727
🕐 9:30-18:30；10月至3月 9:30-17:30
🅒 每月第二、第四個星期三（假期則順延至翌日）及12月29日至1月1日
💴 成人 ¥300，小／中學生 ¥100
🌐 https://kawagoematsuri.jp/matsurimuseum/
🚉 「本川越」駅徒步15分鐘

12 菓子屋橫丁

～人氣懷舊零食街

在一番街附近的一條小巷，是充滿懷舊色彩的菓子屋橫丁。據說在江戶時代末期到明治時代初期，這裡主要是製作當時市民喜愛的零食。由於發生關東大地震，這一帶就取代了受災的東京成為供應全國零食的重地。昭和初期，這裡一度多達70多間店舖，時至今日還有28間在繼續經營，供應著充滿色彩和快樂的糖果零食。不僅是小朋友，就連大人也喜歡來這裡選購各式復古糖果、仙貝等，緬懷一番，獨特的懷舊氣息深受歡迎，於2001年被選為「芬芳風景100選」之一。

📍 埼玉県川越市元町2丁目
📞 +81-49-222-5556
🕐 各店有異
Ⓒ 各店有異
🌐 https://www.koedo.or.jp/spot/
🚉 「本川越」駅徒步16分鐘。

店員熱情地推銷各式七彩繽紛的糖果。

以黑糖和紫蕃薯製作的菓子棒是這裡的名物。

寫上願望的繪馬成千上萬，形成繪馬隧道，非常震撼，可見神社特別受人信奉。

13 川越冰川神社

~ 川越的總鎮守

據說川越冰川神社已擁有 1,500 年歷史，作為川越的總鎮守，自江戶時代已被歷代川越城主尊崇，如今亦聚集了許多信眾。神社以保佑良緣而聞名，是祈求戀愛滿願的能量景點，特別受年輕人歡迎。神社的另一看點是高 15 米的大鳥居，是現存日本最大的木造鳥居，成為熱門的打卡點。

「一年安鯛」很受歡迎，付上 ¥300 就可釣一隻回家作吊飾和保佑全年安康。

本殿內裝飾著許多關東地區獨有的精緻雕刻，稱為江戶雕刻。

📍 埼玉県川越市宮下町 2 丁目 11－3
📞 +81-49-224-0589
🕐 24 小時
🅒 年中無休
💰 免費
🌐 https://www.kawagoehikawa.jp/
📖 (1) 「本川越」駅徒步 24 分鐘／「川越」駅（東口）徒步 35 分鐘。
(2) 由「川越」駅／「本川越」駅乘搭「小江戶巡迴巴士」，於「氷川神社前」下車，車程約 21／15 分鐘。
(3) 乘搭「小江戶名所周遊巴士」，於「川越氷川神社」下車，車程約 20 分鐘。

大鳥居是為了紀念踏入平成時代而建立。

14 川越市立博物館

川越曾是關東地區具代表性的城下町，市內保留了許多有歷史價值的文化遺產。建於舊川越城二之丸遺址上的市立博物館，以川越繁榮的江戶時代至明治時代為中心，展出與川越歷史相關的珍貴展品和資料。如在遊覽市內景點之前，先來這裡參觀，更能認識川越市的價值和特色，享受更多樂趣。

- 📍 埼玉県川越市郭町 2-30-1
- 📞 +81-49-222-5399
- 🏛 9:00-17:00
- 🅲 星期一（假期則順延至翌日）、每月第四個星期五（假期除外）及 12 月 29 日至 1 月 3 日
- 💲 成人 ¥200，大學生／高校生 ¥100，中學生以下免費
- 🌐 https://www.city.kawagoe.saitama.jp/index.html
- 📖 (1)「本川越」駅徒步 23 分鐘／「川越」駅徒步 34 分鐘。
  - (2) 由「川越」駅／「本川越」駅乘搭「小江戶巡迴巴士」，於「博物館‧美術館前」下車，車程約 16 ／ 10 分鐘。
  - (3) 乘搭「小江戶名所周遊巴士」，於「博物館前」下車，車程約 18 分鐘。

15 川越市立美術館

鄰接博物館的川越市立美術館，是為紀念川越市政 80 周年而在 2002 年開館。館內展出了橋本雅邦、小茂田青樹等與川越市有關的畫家的日本畫、西洋畫和版畫。

- 📍 埼玉県川越市郭町 2 丁目 30 − 1
- 📞 +81-49-228-8080
- 🏛 9:00-17:00
- 🅲 星期一（假期則順延至翌日）及 12 月 29 日至 1 月 3 日
- 💲 成人 ¥200，大學生／高校生 ¥100，中學生以下免費
- 🌐 https://www.city.kawagoe.saitama.jp/artmuseum/index.html
- 📖 由川越市立博物館徒步 1 分鐘。

16 川越城本丸御殿
～東日本唯一的本丸御殿遺址

川越城是扇谷上杉持朝之時，命令太田道真和道灌父子於 1457 年建造的城池。在江戶時代，川越城被視為江戶北部的重要鎮守地，是幕府的主要家臣世世代代的據點。明治時期實施廢藩置縣後，川越城大部分建築被拆掉，只保留了在 1848 年重建的本丸御殿其中的玄關、大廣間及家老詰所等部分。建築物其後曾作為煙草工場、武道館及臨時校舍，直到 1967 年經過大規模的復原工程後，成為了埼玉縣指定有形文化財產的參觀設施而對外開放。

房間內擺放了蠟像，以展現昔日的場景。

📍 埼玉県川越市郭町 2 丁目 13－1
📞 +81-49-224-6015
🕐 9:00-17:00
Ⓒ 星期一（假期則順延至翌日）、每月第四個星期五（假期除外）及 12 月 29 日至 1 月 3 日
💰 成人 ¥100，大學生／高校生 ¥50，中學生以下免費
🌐 https://www.city.kawagoe.saitama.jp/index.html
🚃 由川越市立博物館徒步 2 分鐘。

從房間可觀賞到庭園風景，環境清幽恬靜。

符さん提提您：

參觀以下設施，可購買優惠共通券。

景點設施	成人收費	學生收費
美術館＋博物館	¥300	¥150
美術館＋博物館＋本丸御殿	¥370	¥180
美術館＋博物館＋本丸御殿＋川越祭會館	¥600	¥400

雖然御殿面積不大，但漫步其中都能感受到濃濃的歷史氣息。

17 小さな旅 川越温泉

日歸溫泉設施「小さな旅 川越溫泉」，內設的「木の湯」和「石の湯」很受歡迎。露天和內湯共有9種類，源泉是天然的美肌の湯，對各種痛症及消除疲勞都有功效。由於距離車站不遠，遊覽完市內景點後，如有時間來一趟日歸溫泉作終結，能令川越之旅更加完美。

📍 埼玉県川越市上野田町41-7
📞 +81-49-249-4126
🕐 10:00-24:00；星期六、日及假期 9:00-24:00
🅲 年中無休
💴 成人 ¥850（星期六、日及假期 ¥950），3 歲至小學生 ¥450
🌐 http://www.kawagoe-onsen.com/
🚌 由「川越」駅西口3號巴士站／「本川越」駅2號巴士站乘搭前往「かすみ野」西武巴士，於「野田町」下車，車程約4／9分鐘，車費 ¥180。

符さん有感：

很多喜愛日本旅遊的朋友，會視日本為家鄉，而對我來說，川越真的給我有家的感覺。在2004年的夏天，我曾到東京進修暑期日語課程，期間我被安排到川越一個家庭短住幾天，認識了很多川越的居民，得到非常熱情的照顧，是充滿愛的相處。這些年來每次到東京，我都盡量抽時間回川越「探親」，這份情很濃厚。

符さん助您安排行程：

除了「小さな旅 川越溫泉」在川越駅西口方向，所有主要景點都集中在30分鐘步程的範圍內，徒步遊覽其實很輕鬆，而且漫步可以細味這小江戶的古街風情，收穫將會更多。從池袋出發來川越只須30分鐘時間，可安排半天至一天的遊覽行程。

秩父
Chichibu

秩父位於埼玉縣的西部，以每年舉行超過300次祭典儀式之多而聞名全國，在車站附近以秩父祭典為設計概念，開設的綜合溫泉設施，就是為了讓遊客全年都能感受秩父祭典的氣氛。秩父三大神社靈氣匯集，其中三峯神社近年成為了關東地區最強的能量景點，備受矚目，人流不絕。羊山公園的芝櫻の丘，是秩父著名的賞花勝地；清雲寺境內經歷600年歲月的垂枝櫻，每年開花何其壯觀，是埼玉縣的天然紀念物。

🚃 (1) 池袋駅→西武秩父駅（西武特急ちちぶ号，約1小時20分鐘，¥1,500(指定席)
(2) 池袋駅→飯能駅→西武秩父駅（西武池袋線（急行）・西武秩父線，約1小時40分鐘，¥790）
(3) 熊谷駅→秩父駅（秩父鐵道，約52分鐘（急行秩父路）／約1小時10分鐘（普通列車），¥880）

🌐 鉄父觀光協會：http://www.chichibuji.gr.jp/
西武巴士：https://www.seibubus.co.jp/rosen/

SL Paleo Express

（SLパレオエクスプレス）

SL Paleo Express 是唯一在 21世紀仍然運行的 C58 類型蒸汽火車，因此大受歡迎。充滿懷舊風情的 SL Paleo Express，只在 3 月中旬至 12 月上旬期間的星期六、日及公眾假期及特別日子的平日運行，每日只有來回一班次行駛秩父鉄道熊谷駅至三峰口駅之間的 8 個車站（包括：熊谷、長瀞、秩父、御花畑）。乘搭 SL Paleo Express 是完全預約制，除正常乘車費用之外，需要繳付 ¥740 的指定席費用。

🌐 http://www.chichibu-railway.co.jp/slpaleo/

1 西武秩父駅前溫泉

~祭の湯

於 2017 年 4 月開業的西武秩父駅前祭の湯，是一個可以體驗秩父祭氣氛的綜合溫泉設施。館內無論是溫泉區、美食區或商品區，都融入了秩父祭裝飾的設計概念。男女露天及室內溫泉各有 10 至 11 個浴池，而露天風呂還可以遠眺秩父的自然風光。美食區內的 7 間飲食店，供應著秩父的地道美食；商品區銷售的秩父名產和各式手信亦種類繁多。祭の湯是遊覽秩父名勝之後，消除疲勞的最好節目。

- 📍 埼玉県秩父市野坂町 1 丁目 16-15
- 📞 +81-494-22-7111
- 🕐 10:00-22:00；朝風呂（星期六、日及假期）6:00-9:00；餐廳 11:00-21:30；美食區 11:00-18:30（星期六、日及假期至 20:30）；商店 9:00-18:30（星期六、日及假期至 20:30）
- C 年中無休
- 🎫 成人 ¥1,100、小童 ¥700（星期六、日及假期：成人 ¥1,380、小童 ¥800）／朝風呂：成人 ¥890、小童 ¥580
- 🌐 https://www.seibu-leisure.co.jp/matsuri/index.html
- 🚃「西武秩父」駅前。

美食區共有 250 個座位，寬敞舒適。這裡的秩父豬扒丼和味噌拉麵都很受歡迎。

商品區面積也不少，閒逛選購特產、手信也特別開心。

祭の湯的內外都呈現出秩父祭的傳統花車和屋台設計，別具特色。

2 秩父神社

～日本最古老的神社之一

據說秩父神社大約有 2,000 年歷史，與寶登山神社和三峯神社被稱為秩父三社。秩父神社作為秩父地區的總社，自古以來擁有很多信眾，香火鼎盛。現在的社殿是由德川家康於 1592 年所捐贈，呈現出江戶初期的建築風格，被指定為埼玉縣的有形文化財產。社殿上還有不少令人嘆為觀止的精美雕刻，是出自雕刻大師左甚五郎之手。每年 12 月 3 日在這裡舉行的秩父夜祭非常有名，被指定為國家重要無形民俗文化財產，與京都祇園祭和飛驒高山祭並稱為日本三大曳山祭。於 2016 年，秩父夜祭更被聯合國教科文組織登錄為世界非物質文化遺產。

在社殿上看到的「鎖之龍（つなぎの龍）」，是雕刻日光東照宮的「眠貓」而聲名遠播的雕刻名家左甚五郎的傑作。

📍 埼玉県秩父市番場町 1－3
📞 +81-494-22-0262
🕐 5:00-20:00；授與所 9:30-17:00
C 年中無休
💰 免費
🌐 http://www.chichibu-jinja.or.jp/
🚃 「西武秩父」駅徒步約 15 分鐘／秩父鉄道「秩父」駅徒步 3 分鐘。

神門非常華麗，極具氣派。

神社面積不大，穿過神門就是有 400 多年歷史的社殿

以秩父象徵的武甲山為背景，是最佳的拍照位置。

3 羊山公園
~ 芝櫻の丘

芝櫻の丘位於武甲山山麓下羊山公園的南側，在佔地 17,600 平方米的土地上種植了 10 品種、40 萬棵芝櫻，每年 4 月中旬至 5 月上旬都有紅、白、紫和粉紅色的花朵綻放，拼構出一片美麗的花毯，是秩父著名的賞花勝地。由於這裡是距離東京最近的芝櫻名所，所以每年芝櫻祭期間都非常熱鬧，賞花客絡繹不絕。在芝櫻的丘附近有一個飼養綿羊的牧場，這是羊山公園命名的由來。

📍 埼玉県秩父市大宮 6314
📞 +81-494-21-2277（秩父觀光協會）
🕐 24 小時（4 月中旬至 5 月上旬芝櫻の丘 8:00-17:00）
💴 免費（芝櫻の丘入場費：成人 ¥300，中學生以下免費）
🌐 http://www.chichibuji.gr.jp/spot/spot-syousai10/
🚃「西武秩父」駅徒步約 20 分鐘／秩父鉄道「御花畑」駅（芝桜駅）徒步約 15 分鐘。

七彩的鬱金香也來湊熱鬧，實在太高興。

還有粉蝶花陪襯，增添了色彩，豐富了視覺。

羊山公園內亦種植了不少櫻花樹，步往芝櫻の丘途中也賞心悅目。

在見晴之丘可看到市街全景。

207

4 清雲寺櫻花

位於若御子山麓下的清雲寺,境內種植了 30 棵櫻花樹,當中一棵垂枝櫻據說是在 1446 年清雲寺創立時,由楳峯香禪師親手栽種。這棵經歷 600 年歲月的垂枝櫻,高 15 米,樹枝伸展的長度也超過 10 米,每年盛開時都比其他櫻花開得燦爛,被指定為埼玉縣的天然紀念物。

📍 埼玉縣秩父市荒川上田野 690
🕐 24 小時
💲 免費
🌐 http://www.chichibuji.gr.jp/event/sakura
🚃 由「御花畑」駅乘搭「秩父鉄道三峰口方向」,於「武州中川」駅下車後徒步 15 分鐘,車程 10 分鐘。車費 ¥310。
(※「西武秩父」駅距離秩父鉄道「御花畑」駅約 8 分鐘步程。)

造訪當日是 4 月 10 日,所以未能看到最美的景象,但已經很滿足了!

清雲寺櫻花在每年 3 月下旬至 4 月上旬盛開。

5 三峯神社
～關東最強的能量景點

秩父三大神社之一的三峯神社，位於海拔1,100米的深山靈地之中，境內有一種被神秘能量包圍的莊嚴氣氛。因神社東側有雲取山、白岩山和妙法岳三座美麗的山峯相連，因此得名三峯。相傳三峯神社早於累行天皇41年(111年)由天皇之子日本武尊創立，御祭神為伊弉諾尊和伊弉冊尊，是日本最初的夫婦神靈，以護佑夫婦和合及戀愛開運而深被信奉。現存的拜殿建於1800年，與秩父神社一樣以權現式建造，內外裝飾著色彩繽紛的華麗雕刻，絢爛奪目。參道入口處的鳥居，是由三個鳥居三合為一，在全國非常罕見。三峯神社不但看點多，近年更被認為能夠提升運氣而大受關注，成為關東地區能量最強的景點。

豎立在參道入口的鳥居非常獨特，稱為「三鳥居」。在鳥居兩旁設有三峯神社信奉的狼鎮守。

沿著瀰漫大自然靈氣的參道前行，就來到具有宏偉氣派的隨身門。

三峯神社亦是賞楓名所，染上秋色的神社參道，非常壯觀。

拜殿採用權現式的建築風格，佈滿精美的雕刻，富麗堂皇，鮮艷奪目。

拜殿兩旁聳立了兩棵超過 800 年樹齡的神木「重忠杉」，據說觸摸神木能吸取特別的能量。

從遙拜殿也可眺望眼前秩父群山的全景，很精彩。如果碰上好運，還可以看到壯闊的雲海。

來到居高臨下的遙拜殿，可以遙拜鎮守於正面岩峰頂端的奧宮。

📍 埼玉県秩父市三峰 298 - 1
📞 +81-494-55-0241
🕐 7:00-17:00
C 年中無休
🎫 免費
🌐 http://www.mitsuminejinja.or.jp/
🚌 由「西武秩父」駅前乘搭前往「三峯神社」西武巴士，於終於站下車，車程約 1 時間 15 分鐘，車費 ¥950。

停車場附近還有一間面積較大的「三峰お犬茶屋山麓亭」，招牌名物鹽燒魚 (¥600) 和中津川芋田樂 (¥300) 大獲好評。營業時間：8:00-17:00。

創立三峯神社的日本武尊銅像。

在三鳥居正面的「大島屋」，是一間創業達 140 年的茶屋，招牌菜式是「草鞋炸豬扒丼」(¥1,100) 及「合桃汁蕎麥麵」(¥900)。營業時間：10:00-16:00。

參道入口旁邊的三峯山博物館，展示了三峯神社的歷史、信仰等資料。開放時間：9:00-16:00，成人收費 ¥300、中學生以下 ¥100，逢星期二及冬季 (12月至3月) 休息。

符さん助您安排行程：

由 池袋來秩父的車程只須 80 分鐘，可以安排一天時間，即日來回遊覽秩父。不過，若然對長瀞的景點有興趣，就建議安排兩日一夜同遊兩地。

長瀞
Nagatoro

屬秩父地方的長瀞町，是一個被大自然美景環繞的旅遊勝地。在長瀞溪谷可以欣賞到地殼變動及河川侵蝕形成的美麗天然造景，當中以岩疊最具名氣。寶登山也是長瀞的代表性景點，山頂上的臘梅園及梅花百園是關東地區著名的賞梅勝地。「日本櫻花名勝100選」之一的長瀞櫻花，環繞在車站附近已有十處賞櫻之地，造就每年賞櫻客蜂擁而來。

🚃 (1) 熊谷駅 → 長瀞駅（秩父鐵道，約39分鐘（急行秩父路）／約50分鐘（普通列車），¥780）
(2) 御花畑駅 → 長瀞駅（秩父鐵道，約22分鐘，¥480）（西武秩父駅徒步往御花畑駅約8分鐘）
🌐 長瀞町觀光協會：https://www.nagatoro.gr.jp/

岩疊一帶的榻榻米岩石與清澈的荒川，
構成一幅獨特的大自然畫作。

1 岩疊

~ 長瀞代表名勝地

沿著荒川岸邊延伸的岩石群一帶，是由 8,500 至 6,600 萬年前大規模的地殼變動造成了結晶片岩，再經荒川的水流侵蝕形成了斷層谷和岩石階。這裡的岩石看起來如一張張榻榻米散開的奇景，所以被稱為「岩疊」，是國家指定風景名勝區和特別天然紀念物，是長瀞的代表性觀光地。岩疊寬度約 80 米、全長約 500 米，遊客能在岩疊上悠閒地散步，眺望長瀞的自然風光。此外，乘坐遊船細賞巨大岩壁和溪谷之美態，體驗激流急灣的刺激，亦是很受遊客歡迎的活動。

許多遊客喜歡坐在岩疊上，
靜靜地享受愜意的空間。

聳立在岩疊對岸的一座高度約 100 米的峭壁，
有「秩父赤壁」之稱。

📍 埼玉県秩父郡長瀞町長瀞
📞 +81-494-66-0307（長瀞町觀光案内所）
🕐 24 小時
🌐 https://www.chichibu-geo.com/geosite/geosite17/
📖 「長瀞」駅徒步 3 分鐘。

長瀞遊船
（長瀞ライン下り）

長瀞遊船分為兩種3公里的上、下游路線（各20分鐘）和6公里的全程路線（40分鐘）。乘坐由船夫以竹竿操作的小木船，在平靜的荒川上可欣賞沿岸的岩疊及對岸的巨岩峭壁外，亦可感受遇上急流急灣時被水花濺濕的刺激感。自從有新冠疫情以來至撰書為止，6公里的全程路線暫停。此外，3公里的路線也會受荒川的水量不足而暫停出船，此時船公司通常會提供「岩疊一周船」，讓遊客仍可以享受乘舟賞景的樂趣。

售票處就在岩疊入口的左側，購票後需要到旁邊的帳篷穿上救生衣。（長瀞一帶有多個售票處，包括長瀞駅前售票處。）

🏠 埼玉県秩父郡長瀞町長瀞 489-2
📞 +81-494-66-0950
🕐 3月上旬至12月上旬 9:00-16:00
　　※ 冬季1月至2月有「こたつ舟」（附設暖被的遊船）營業（10:00-15:00）
🚫 12月上旬至12月下旬及3月上旬
💴 乘船費：
　・3公里A路線（親鼻橋～岩疊）／3公里B路線（岩疊～高砂橋）：成人 ¥1,800，小童 ¥900
　・6公里全程路線（親鼻橋～岩疊～高砂橋）：成人 ¥3,300，小童 ¥1,600（疫下或暫停）
　・岩疊一周船：成人 ¥1,000，小童 ¥600
　・冬季「こたつ舟」：成人 ¥1,000，小童 ¥600
🌐 https://www.chichibu-railway.co.jp/nagatoro/boat.html
🚃 「長瀞」駅徒步3分鐘。

B路線及岩疊一周船就在岩疊乘船出發；參加A路線或全程路線會獲船公司提供免費巴士送至上游的親鼻橋下船出發。

船夫沿途會介紹各種自然奇觀的形成和特色。

乘坐遊船可以從另一角度觀賞岩疊的風貌。

荒川的河水清澈，能看到河中的游魚。

2 岩畳通り商店街

由 長瀞車站步往岩疊途中，會經過岩疊通り商店街。充滿昭和懷舊風情的商店街，全長800米，有不少長瀞特產美食、土產和懷舊玩具等店舖林立，尤其是長瀞名物刨冰、蕎麥麵等很受歡迎。因為經常受到電視和雜誌的報導，商店街總是人來人往，熱熱鬧鬧。

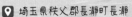

📍 埼玉県秩父郡長瀞町長瀞
🕐 各店有異
🅒 各店有異
🌐 https://www.nagatoro.gr.jp/area/m_iwadatami/
🚉 「長瀞」駅徒步1分鐘。

味噌豬肉丼￥800，每次來訪必吃。

長生館

商 店街附近的「長生館」，擁有長瀞溪谷的絕美景觀，是長瀞的知名旅館。旅館的風呂不是使用天然溫泉水，而是採用含有豐富礦物質的竹醋液，據說具有殺菌、消炎、消毒和除臭的功效。如有時間，不妨一試日歸入浴。另外，這裡也可品嘗流水麵，很受歡迎。

📍 埼玉県秩父郡長瀞町大字長瀞449
📞 +81-494-66-1113
🕐 流水麵11:00開始營業
🅒 年中無休
💲 日歸入浴收費：成人￥700，小學生以下￥500
🏠 住宿收費：一泊二食每位￥14,300起
🌐 http://www.choseikan.com/
🚉 「長瀞」駅徒步3分鐘。

215

於 1980 年開館的鄉土資料館，展示在長瀞町出土的陶器、石器、江戶時代到昭和時代的民間器具、秩父銘仙（紡織）的相關資料等。在鄉土資料館後方的舊新井家住宅，是大約在 270 年前建造的養蠶農家，內裡展示著當年的養蠶工具、織布工具及織布機等，可了解江戶時代的生活狀態，於 1971 年被指定為國家重要文化財產。

📍 埼玉縣秩父郡長瀞町大字長瀞 1164 番地
📞 +81-494-66-0297
🕐 9:00-17:00；10 月至 3 月 9:00-16:00
🅲 星期一（公眾假期則順延至翌日）及年末年始 (12 月 29 日至 1 月 3 日)
💵 成人 ¥200，小 / 中學生 ¥100
🌐 https://www.town.nagatoro.saitama.jp/nagatoro-2/siryokan/
📖 「長瀞」駅徒步 8 分鐘。

舊新井家住宅就在鄉土資料館的後方，建築物內展示出昔日養蠶農家的面貌。

3 長瀞町鄉土資料館
‧ 舊新井家住宅

透過參觀展品和資料，可深入了解長瀞町居民昔日的生活模式。

旁邊的竹林風景很不錯。

長瀞町鄉土資料館的外貌。

意外發現了花田風光，也很美麗。

神社的白色鳥居，配上金色裝飾，富有華麗感。

4 寶登山神社

寶登山神社創建於 110 年，是秩父三社之一。據說當年皇子日本武尊上山參拜時，突然出現巨犬引路，途中更遇到了猛烈的大火，此時巨犬跳入火中將火撲滅，因此巨犬被認為是神靈之犬。此後，日本武尊建立了神社供奉神犬，此山亦得名「火止山」，後來才改名「寶登山」。時至今日，寶登山神社仍是祈願防火和開運招福的神社，擁有不少信眾。此外，山頂上還有一座奧宮，可乘搭纜車登山參拜。

現在的社殿是建於 1874 年的權現式建築，有很多色彩豐富的精緻雕刻，當中的「二十四季雕刻」最受注目。

鳥居旁的日式庭園，充滿恬靜優雅氣派。

📍 埼玉県秩父郡長瀞町大字長瀞 1828
📞 +81-494-66-0084
🕐 24 小時
🅒 年中無休
💲 免費
🌐 http://www.hodosan-jinja.or.jp/
📖 「長瀞」駅徒步 15 分鐘

5 寶登山

標高 497.1 米的寶登山，是長瀞知名的觀光地。乘搭纜車由山麓站來到山頂站前的梅花百園，能觀賞種植了超過 170 品種、約 470 棵梅花，是關東地區擁有最多品種的梅園。寶登山山頂擁有一年四季不同的景色，春天的杜鵑和櫻花、夏天的新綠、秋天的楓葉、冬天的臘梅，各種風景都引人入勝。在寶登山奧宮一帶，是一個神聖的空間。還有寶登山小動物公園，可以看到猴子、鹿和羊等可愛的小動物。

📍 寶登山纜車
（宝登山ロープウェイ）

- 📍 埼玉県秩父郡長瀞町長瀞 1766-1
- 📞 +81-494-66-0258
- 🕘 9:40-16:30（因應季節、特別活動或會延至 17:20）
- 🅲 年中無休
- 💲 來回收費：成人（12 歲以上）¥830，小童（6 歲以上）¥420
- 🌐 http://hodosan-ropeway.co.jp/
- 🚉「長瀞」駅徒步 20 分鐘。

登山纜車造型有趣，最多可容納 50 人。

從寶登山神社徒步約 5 分鐘，就到達標高 212.7 米的寶登山纜車山麓駅。

乘坐纜車約 5 分鐘，就由山麓駅來到標高 453 米的寶登山頂駅。

218

在山頂駅前的「OASIS の鐘」，可展望奧秩
父連山的景色。

梅花百園的開花期為 2 月上旬至 3 月下
旬，每年賞花期間都人頭湧湧。

雖然錯過了梅花最盛開之時，但仍有少許
繽紛色彩的樹木，很優美。

站在標高 497.1 米的寶登山山頂，
面前是二十多個秩父的群山景色。
手繪的群山介紹展板，滲透出一份
水墨畫的韻味。

寶登山奧宮位於日本武尊在山頂所建神
社的舊址上。

6 寶登山小動物公園

位於寶登山山頂的小動物公園，於1960年作為猴子公園而開放。現在公園內增添至十幾種小動物，包括猴子、小鹿、兔子、山羊、綿羊、龜、豬、小鴨等等，也設有昆蟲標本室。雖然動物公園規模細小，卻很受小朋友歡迎，尤其是餵飼小動物跟牠們互動一番，園內充滿歡笑聲，每個小家庭都在大自然中享受親子活動的美好時光，留下開心的回憶。

- 📍 埼玉縣長瀞町長瀞 2209-6
- 📞 +81-494-66-0959
- 🕙 10:00-16:30
- Ⓒ 年中無休
- 💰 成人（中學生以上）¥500，小童（3歲以上）¥250
- 🌐 https://hodosan-ropeway.co.jp/zoo/
- 📱 寶登山纜車山頂駅徒步 7 分鐘。

小朋友喜歡餵飼小動物，我喜歡看小朋友餵飼小動物，愛看他們的笑臉。

7 長瀞櫻花

長瀞櫻花是埼玉縣賞櫻名勝，也是「日本櫻花名所 100 選」之一。長瀞町內種植了約 3,000 棵櫻花樹，每到 3 月下旬至 4 月中旬，隨處都可見到櫻花競相綻放的景象，是相當受歡迎的賞櫻勝地。當中最值得一看的是長達 2.5 公里的北櫻大道（北桜通り），約 400 棵櫻花樹構成美麗的櫻花隧道，是震撼人心的絕景。還有寶登山參道約 700 米的櫻花樹，是前往神社和寶登山途中的額外收穫。

📍 埼玉県秩父郡長瀞町長瀞
📞 +81-494-66-0307（長瀞町觀光案內所）
🌐 https://www.nagatoro.gr.jp/spot/sakura/

在長瀞駅前的觀光案內所門外，設有長瀞櫻開花情報板，詳列十個賞櫻位置的開花情況，只要在案內所取一張地圖傍身，就可選擇徒步或租單車前往追櫻。

📍 寶登山參道櫻花

由長瀞駅徒步 2 分鐘，就會看到這個持大的鳥居，也就是寶登山的參道。參道的櫻花盛放期通常在 3 月下旬至 4 月上旬。

「通り抜け」櫻花

「通り抜け」櫻花的位置就在纜車山麓駅旁邊，登山之後順道來賞花是最好的節目。

這裡種植了 31 品種共 500 棵的八重櫻，是町內最大的賞櫻地，所以經常聚集了不少賞櫻客。

「通り抜け」櫻花的開花期在 4 月中旬至下旬，是長瀞町內最遲開花的地方。

符さん有感：

比起秩父，我更喜歡長瀞。遊覽長瀞實在非常方便，一步出車站就可以悠閒地散步，乘纜車上寶登山、下荒川乘遊船，都不用轉乘巴士到景點，時間好用，特別開心。

符さん助您安排行程：

長瀞適合安排即日往返一天遊，如果到東京旅遊，建議抽一天時間來長瀞洗滌心靈。秩父（御花畑駅）與長瀞的距離只不過 22 分鐘車程（秩父鐵道），正如我前頁所說，如果打算同遊兩地，便應該安排兩日一夜的行程。

入間
Iruma

三井 OUTLET PARK 入間
（三井アウトレットパーク 入間）

於 2008 年開業的三井 OUTLET PARK 入間，現時約有 210 間來自世界各地知名品牌的店鋪，銷售各式時裝、戶外運動商品、配飾、時尚雜貨等，更有精選各國美食的 16 間餐廳及美食廣場可供選擇，是一個悠閒舒適的大型購物中心。

📍 埼玉県入間市宮寺 3169-1

📞 +81-4-2935-1616

🕐 營業時間：10:00-20:00；
美食廣場 10:30-21:00；
餐廳 11:00-21:00

🅲 不定休

🌐 https://mitsui-shopping-park.com/mop/iruma/

🚌 由西武鉄道「入間市」駅南口 2 號巴士站乘搭前往「三井アウトレットパーク」西武巴士，於終點站下車，車程約 15 分鐘，車費 ¥200。

※ 池袋駅→入間市駅（西武池袋線（急行），約 40 分鐘，車費 ¥440）
西武巴士：http://www.seibubus.co.jp/

符 さん 助您安排行程：

如果由西武秩父駅乘搭「西武鉄道」返回池袋方向，可考慮中途在入間市駅下車，順道一遊，血拼一番。

越生
Ogose

黑山三瀑布
（黑山三滝）

從巴士下車後徒步2分鐘，就來到黑山三瀑布的入口。

水流從越邊川支流的三瀧川落下分成兩段的男瀑布和女瀑布，以及有一段短距離在下游的天狗瀑布，總稱為黑山三瀑布。據説在室町時代（1336年－1573年），黑山三瀑布作為山岳宗教修行者的道場而廣受崇敬；在明治時代已開始成為旅遊景點；現在也作為能量景點而大受當地人歡迎。黑山三瀑布是「日本觀光100選」之一，春綠、夏涼、秋葉及冬雪，隨著四時變化的景致，能讓人如釋重負，感受到日本古老山村的氣息。

首先看見的是天狗瀑布指示牌，別以為眼前的流水就是瀑布，其實還需要步上濕滑的石階。

- 📍 埼玉縣入間郡越生町大字黑山
- 🕐 24小時
- 🌐 越生町觀光協會：https://ogose-kanko.jp/
- 🚌 由東武越生線「越生」駅西口3號巴士站乘搭「黑山線」（川越觀光自動車）巴士，於「黑山」下車後徒步15分鐘，車程約29分鐘，車費¥360。
  ※ 池袋駅→坂戶駅→越生駅（東武東上線（特急·急行）·東武越生線，約1小時，車費¥740）
  川越觀光自動車：https://www.kawagoebus.jp/

石階盡頭才是落差 20 米的天狗瀑布，水量不太多，呈現出一條如白絲的瀑布。

再向前行數分鐘，就來到了落差 10 米的男瀑布和落差 5 米的女瀑布。

在男瀑布和女瀑布前面的是夫婦橋。

這裡有一間老店，供應刨冰、關東煮等小食外，也有售賣懷舊玩具。

埼玉縣
櫻花

1 幸手權現堂櫻堤

位於權現堂公園內的幸手權現堂櫻堤，是埼玉縣第1位的賞櫻名所，也是關東地區很有名氣的賞櫻勝地。綿延約1公里上約1,000棵染井吉野櫻交織成櫻花隧道，與廣闊的油菜花田形成鮮明對比，美麗如畫。每年幸手櫻祭舉行期間，約100家攤位排成一列，非常熱鬧；到了晚上，櫻堤中央的茶屋附近亮起夜燈，浮現出優雅高貴的夜櫻面貌，極致迷人。

花期：通常每年3月下旬至4月上旬

📍 埼玉県幸手市大字内国府間 887 番地 3
📞 +81-480-44-0873（權現堂公園管理事務所）
🕐 24 小時
💰 免費
🌐 http://www.gongendo.jp/
🚌 由東武日光線「幸手」駅前乘搭前往「五霞町役場」朝日巴士，於「權現堂」下車，車程約 6 分鐘，車費 ¥180。
🚌 朝日巴士：https://www.asahibus.jp/

2 大宮公園

位於埼玉市中心交通便利的大宮公園，是埼玉縣內最受歡迎的縣立公園。每逢春天櫻花盛開之時，在廣闊的園地上約 1,000 棵櫻花樹漫天飛舞，將天空染成粉紅色，美不可言。園內還設有小型動物園、兒童遊樂園、體育設施及歷史神社等，可歡度美好的時光，是縣內大人氣的賞櫻勝地，還入選了「日本櫻花名所 100 選」和「日本都市公園 100 選」。

花期：通常每年 3 月下旬至 4 月上旬

📍 埼玉県さいたま市大宮区高鼻町 4
📞 +81-48-641-6391（大宮公園事務所）
🕐 24 小時
💰 免費
🌐 https://www.pref.saitama.lg.jp/omiya-park/
🚃 JR「大宮」駅（東口）徒步 20 分鐘／東武野田線「大宮公園」駅・「北大宮」駅徒步 10 分鐘。

3 熊谷櫻堤

據說熊谷櫻堤早在江戶時代開始已是廣為人知的櫻花勝地，憑著悠久歷史和美麗風景，入選了「日本櫻花名所100選」。每年到了開花時期，約500棵染井吉野櫻形成了一條綿延約2公里的櫻花隧道，與堤前的油菜花田爭妍鬥麗，非常精彩。

花期：通常每年3月下旬至4月上旬

📍 埼玉県熊谷市河原町
📞 +81-48-594-6677（熊谷市觀光協會）
🕐 24小時
💰 免費
🌐 https://www.city.kumagaya.lg.jp/kanko/midokoro/sakuratutumi.html
🚃 JR上越新幹線・高崎線、秩父鐵道「熊谷」駅（南口）徒步10分鐘。

符さん有感：

看厭了東京的櫻花，所以一心到其他縣追櫻。來熊谷櫻堤之前，都知道櫻花尚未盛開，但因為安排了前往新潟縣追櫻，所以沒有時間再等，結果還是到此一遊看一看它的面貌。這一天我看不到它最美的一面，留待讀者朋友代我欣賞它迷人的時刻吧！

符さん助您安排行程：

以上都是埼玉縣最受歡迎的賞櫻熱門勝地，如果已看過了東京的櫻花，不妨到鄰接東京的埼玉縣賞櫻。幸手權現堂櫻堤真的真的很美麗，但位置略偏遠，由東京市中心到幸手駅需要個多小時。大宮公園的交通非常便捷。如想到熊谷櫻堤（秩父鐵道熊谷駅），可安排在秩父、長瀞的前後行程順道遊覽。

群馬縣 Gunma

群馬縣位於日本的中央、關東地方的西北部，周圍被群山和活火山環繞，造就了許多知名的溫泉勝地。我特別鍾愛溫泉，所以已多次造訪群馬三名湯。草津溫泉是日本三大名泉之一，已連續19年在「日本溫泉100選」中高踞榜首，實力超凡，聞名國際。伊香保溫泉的黃金之湯和石段街的懷舊風情，都令這個溫泉小鎮充滿魅力。據說四萬溫泉的泉水對四萬種疾病有療效，被指定為全國第一號國民保養溫泉地，是隱世的古老秘湯。有「四萬藍」之稱的奧四萬湖、著名漫畫電影《頭文字 D》的故事場景秋名山真身的榛名山、呈現神秘又美麗的翡翠綠湖水的白根山等等，都是必訪的自然風景名勝。群馬縣還有很多名物，包括：日本三大烏冬的水沢烏冬和全國生產量之冠的高崎達摩。

🌐 https://gunma-dc.net/

高崎
Takasaki

位於群馬縣中南部的高崎市，是新幹線及多條鐵路的重要交匯點。高崎市是達摩不倒翁的發源地，高崎達摩的生產量更是全國之首而享有盛名，所以在市內到處都可見它的蹤影。達摩不倒翁是有吉祥、開運之意，來訪高崎的遊客都喜愛到少林山達磨寺吸收正能量。聳立在觀音山的白衣大觀音，是高崎市的地標，能俯瞰高崎市的全景外，也是賞櫻名所。市郊的榛名山，是著名漫畫、電影《頭文字D》的故事場景秋名山的真身，自然風光明媚，是高崎市最受歡迎的戶外旅遊熱點。

在高崎駅西口2號巴士站可乘搭前往水沢、伊香保溫泉、榛名神社及榛名湖的巴士。

🚄 JR東京駅 → JR高崎駅（北陸新幹線，約50分鐘，¥5,020(指定席)）

🌐 高崎觀光協會：http://www.takasaki-kankoukyoukai.or.jp/
群馬巴士：https://www.gunbus.co.jp/
市內循環巴士「ぐるりん」時間表：https://www.city.takasaki.gunma.jp/docs/2014022800027/

榛名富士是榛名山的象徵，因其外形像富士山而得名。

1 榛名山

榛名山與縣內的赤城山和妙義山被稱為上毛三山，是群馬縣的象徵。無論是登山客或駕車旅遊，榛名山一直深被喜愛。從「榛名高原」駅乘坐獨特的登山纜車到達「榛名富士山頂」駅，可從標高 1,391 米的榛名富士展望台飽覽榛名湖、淺間山、武甲山、筑波山的群山美景，天氣晴朗時更可遠眺富士山。此外，還有一座富士山神社鎮守在榛名富士山頂，據說對良緣及安產特別靈驗。

乘坐巴士在「ロープウェイ前」下車，榛名山纜車站就在眼前。

📍 榛名山纜車
（榛名山ロープウェイ）

- 📍 群馬縣高崎市榛名湖町 845-1
- 📞 +81-27-374-9238
- 🕐 9:00-17:00；12月至3月 9:00-16:00
- 🅲 年中無休
- 💰 來回收費：成人 ¥950，小童 ¥470
- 🌐 http://www.tanigawadake-rw.com/haruna/
- 🚌 (1) 由 JR「高崎」駅西口 2 號巴士站乘搭前往「本鄉經由榛名湖方向」(群馬)巴士，於終點站下車後徒步 20 分鐘，車程約 85 分鐘，車費 ¥1,330。(可在榛名湖巴士站轉乘前往「伊香保バスターミナル」巴士，於「ロープウェイ前」下車，車程 2 分鐘，車費 ¥150。)
  (2) 由「伊香保バスターミナル」2 號巴士站乘搭前往「榛名湖溫泉ゆうすげ」(群馬)巴士，於「ロープウェイ前」下車，車程 23 分鐘，車費 ¥840。

於 1996 年開始啟用的圓形車廂，是日本第一座雙卡連結式纜車。

連接榛名高原駅和榛名富士山頂駅的纜車，全長527米，只須2分50秒就到達了山頂駅展望台。

從山頂駅展望台可將關東平野、上州的群山景致盡收眼底。

由展望台徒步5分鐘可到達富士山神社，沿路翠綠青葱，空氣清新。

富士山神社除了保佑良緣及安產外，也是許多登山客祈求平安的心靈依靠。

《頭文字D》の秋名山

榛名山其實是著名漫畫、電影《頭文字D》的故事場景秋名山的真身，曾幾何時有許多人化身藤原拓海，專程來親身感受這裡蜿蜒曲折的山路，朝聖一番。

榛名山山腰的高根展望台（標高1,029米），可俯瞰腳下伊香保溫泉的全景。

高根展望台
Takane Observation deck

伊香保溫泉
Ikaho spa

2 榛名湖

由榛名山的火山活動而形成的榛名湖，海拔 1,084 米，被壯麗的大自然所環抱，猶如天空中的一個湖泊，漂浮在大自然之中。榛名湖一年四季都可以欣賞到不同的風景，也可以在清新的空氣中享受划艇、露營等各式休閒活動，是高崎市最受歡迎的戶外景點。

📍 群馬県高崎市榛名湖町
📞 +81-27-374-6712 ／ +81-27-374-5111（榛名觀光協會）
🌐 http://harunavi.jp/
🚌 由 JR「高崎」駅西口 2 號巴士站乘搭前往「本郷経由榛名湖方向」（群馬）巴士，於終點站下車，車程約 85 分鐘，車費 ¥1,330。（由「榛名神社前」上車則需時 15 分鐘，車費 ¥300。）
※ 由榛名山纜車「榛名高原駅」徒步約 5 分鐘。

📍 喜歡細味湖畔景致，可沿著平緩的遊步道散步，非常寫意。

📍 乘坐小艇遊覽榛名湖是最受歡迎的活動。

如想多人一起遊覽，乘坐馬車繞湖賞景是最佳的選擇。

建於 1847 年，原作為仁王門，現是安放了隨神像的隨神門。

參道沿途充滿豐富的自然風光，被古老的杉樹包圍下，感受到寂靜神秘的氛圍。

3 榛名神社

據說榛名神社建於第 31 代用明天皇時期 (585年 - 587年)，至今已超過 1,400 年歷史。神社的主祭神是火神「火產靈神」及土神「埴山毘賣神」，自古以來對鎮火、開運、五穀豐穰、商貿繁盛等特別靈驗。境內的權現造建築包括本殿、神樂殿、國祖社、額殿、雙龍門、神幸殿、隨神門等均被指定為國家重要文化財產。前往榛名神社的參道被古老的杉樹包圍，風光明媚，讓人身心治癒，能夠感受到看不見的巨大自然能量。

於 1806 年建造的本殿，是建在御姿岩前的獨特建築，也有許多非常精緻的雕刻，御神體則供奉在岩內的洞窟之中。

由櫸木所建的雙龍門，於 1855 年落成，因門身有許多龍的雕刻而得名。(造訪時正在進行維修工程。)

於 1869 年重建的三重塔，是縣內唯一的三重塔，現被稱為神寶殿。

📍 群馬県高崎市榛名山町 849
📞 +81-27-374-9050
🕐 7:00-18:00；冬期 7:00-17:00
♻ 年中無休
💰 免費
🌐 http://www.haruna.or.jp/
🚌 (1) 由 JR「高崎」駅西口 2 號巴士站乘搭前往「本鄉経由榛名湖 方向」(群馬)巴士，於「榛名神社前」下車後徒步 15 分鐘，車程約 70 分鐘，車費 ¥1,120。
(2) 由榛名湖乘搭前往「高崎駅西口」(群馬)巴士則需時 10 分鐘，車費 ¥300。

4 少林山達磨寺

高崎是象徵「吉祥」的達摩不倒翁生產量全國之首。位於高崎市鼻高町的少林山達磨寺，創建於1697年，由於是達摩不倒翁發源地而聞名全國。據說達磨寺對求子、安產、除厄及姻緣等特別靈驗，因此深受信奉。傳統的達摩不倒翁是紅色，一般的習慣是先行祈願，在不倒翁的左眼畫上黑眼睛，待願望成真後再畫上右眼。達磨寺內擺放了大大小小多不勝數的不倒翁，每一個都包含了不同的願望。這裡無須預約也可參加不倒翁繪畫體驗，創作獨一無二的幸運達摩不倒翁，收費 ¥800 ／ ¥1,200。

蓋上茅草屋頂的觀音堂，祭祀著十一面觀世音菩薩，是少林山最古老的建築物，已超過 300 年歷史。

「達磨堂」內蒐集了來自日本各地的達摩不倒翁。

達磨寺的本堂「靈符堂」，祭祀著北辰鎮宅靈符尊、達磨大師和心越禪師。堂外被許多達摩不倒翁重重包圍，可見信徒眾多。

瑞雲閣內設有坐禪室和佛教圖書室等。

📍 群馬縣高崎市鼻高町 296
📞 +81-27-322-8800
🕘 9:00-17:00
🅲 年中無休
💴 免費
🌐 http://www.daruma.or.jp/
🚌 (1) 由 JR「高崎」駅西口乘搭「ぐるりん少林山線乘車附先回り」市內循環巴士，於「少林山入口」下車後徒步 1 分鐘，車程約 21 分鐘，車費 ¥200。
　　(2) 由 JR「群馬八幡」駅徒步約 20 分鐘。
　※ 由 JR「高崎」駅乘搭「信越本線」到 JR「群馬八幡」駅，車程約 7 分，車費 ¥200。

鐘樓名為「招福之鐘」，參拜者可於早上 9 點至下午 5 點內敲鐘招福。

5 高崎白衣大觀音
（慈眼院）

豎立於觀音山的白衣大觀音，是高崎市的地標，與少林山達磨寺同為高崎觀光必訪的景點。大觀音由高崎商人井上保三郎於 1936 年創建，藉此希望照亮當時混亂的思想世界，與世人分享觀世音菩薩的巨大功德，成為了北關東觀音信仰的中心地。慈眼院原是和歌山縣高野山金剛峯寺的寺院之一，於 1941 年被遷移至高崎觀音山，就像慈悲的白衣大觀音的眼睛一樣，守護著這裡人們的生活。

白衣大觀音高度為 41.8 米，內裡供奉著 20 尊佛像和高僧像，付上拜觀費便可入內參觀。此外，觀音山一帶更是賞櫻名所，每年春季大觀音周圍約有 3,000 棵吉野櫻花競相盛開，夜間櫻花的絕美景色更具人氣，燈火通明的風情份外吸引。

巨大的觀音像俯瞰著高崎市，於 1998 年獲得「高崎城市景觀獎」，並在 2000 年被登錄為「有形文化財產」。

大觀音內安放著釋迦如來、不動明王、弘法大師等 20 尊佛像和高僧像。

大觀音內共有 146 級石階，登上最高的 9 樓便是觀音肩膀的高度。

從每層的窗戶可以觀賞到高崎市、上毛三山和關東平原等景色。

📍 群馬県高崎市石原町 2710-1
📞 +81-27-322-2269
🕐 9:00-17:00；11月至 2 月 9:00-16:30
🅲 年中無休
💰 成人 ¥300、中學生以下 ¥100
🌐 http://www.takasakikannon.or.jp/
🚍 由 JR「高崎」駅西口 8 號巴士站乘搭「ぐるりん観音山線片岡先回り」市內循環巴士，於「白衣観音前」下車後徒步 2 分鐘，車程約 25 分鐘，車費 ¥200。

 1986 年為紀念白衣大觀音創立 50 周年而建造的慈眼院本堂——高崎千體觀音堂。

符 さん 助您安排行程：

由 東京乘搭新幹線到高崎只須 50 分鐘，非常便捷。遊覽高崎市的少林山達磨寺、白衣大觀音及榛名山一帶景點，以及伊香保町的水沢及伊香保溫泉，都是在高崎駅西口乘坐巴士，安排上都很容易。

符 さん 提提您：

如 乘搭巴士前往，可提早在「觀音山頂」下車，順道遊覽參道的小店，徒步約 10 分鐘便到達大觀音。

渋川市

伊香保町
Shibukawa·Ikaho Town

渋川市位於群馬縣的中央，市內的伊香保町擁有很受歡迎的觀光地。伊香保溫泉的黃金之湯或是白銀之湯，長年都治癒了許許多多的遊客。石段街是伊香保溫泉的心臟地帶，在 365 級石階的兩旁，佈滿吃、看、買、玩的精彩選擇，瀰漫著古老溫泉的情懷，令人流連忘返。附近的水澤觀世音，長年香火鼎盛，是人氣的能量點；門前的水沢烏冬街，可挑選最合自己心意的店舖，品嘗日本三大烏冬。

🌐 渋川市觀光情報：https://www.city.shibukawa.lg.jp/kankou/index.html
群馬巴士：https://gunbus.co.jp
關越交通巴士：https://kan-etsu.net/
JR 關東巴士：http://time.jrbuskanto.co.jp/

1 伊香保溫泉
~ 治癒身心的黃金之湯

提到群馬縣的溫泉鄉，除了鼎鼎有名的草津溫泉外，位於涉川市伊香保町的伊香保溫泉也是縣內具有代表性的溫泉勝地。無論是含有豐富鐵質的傳統黃金之湯，抑或是近年才被發現的無色透明白銀之湯，都同樣有很好的療效而廣獲好評。溫泉區內的石段街，充滿懷舊風情，是遊客必訪之地，經常人山人海，非常熱鬧。由於鄰近榛名山及水澤觀世音等觀光地，便利的位置長年都吸引了許多遊客來造訪。

- 📍 群馬県涉川市伊香保町伊香保
- 📞 +81-279-72-3151（涉川伊香保溫泉觀光協會）
- 🌐 https://www.ikaho-kankou.com/
- 🚌 (1) 由 JR「高崎」駅西口 2 號巴士站乘搭前往「伊香保溫泉（水沢経由）」（群馬）巴士，於「伊香保案內所」下車，車程約 1 小時 19 分鐘，車費 ¥1,170。
  (2) 由 JR「上野」駅乘搭「特急草津号」，於 JR「涉川」駅下車，車程約 1 小時 40 分鐘，車費 ¥4,200（指定席）。再於涉川駅前 4 號巴士站乘搭前往「伊香保溫泉（水沢経由）」（群馬）巴士，於「伊香保案內所」下車，車程約 35 分鐘，車費 ¥580。（※ 於涉川駅前 3 號巴士站乘搭前往「伊香保溫泉」（關越交通）巴士，於「伊香保溫泉」下車，車程約 24 分鐘，車費 ¥580。）
  (3) 由「バスタ新宿（新宿駅新南口）」乘搭前往「伊香保・草津溫泉（上州ゆめぐり号）」（JR關東）高速巴士，於「伊香保溫泉（見晴下）」或「伊香保石段街」下車，車程約 2 小時 30 分鐘，車費 ¥2,600 ~ ¥3,000。

在各地溫泉鄉都經常見到這些射擊場，石段街亦不例外，大人小孩都樂在其中。

石段街兩旁佈滿各式精彩看點、玩意和美食，慢慢地拾級而上，一點也不辛苦。

2 石段街
～全年 365 天都熱熱鬧鬧

石段街中段有岸權「辰の湯」的免費足湯，在此可歇息片刻，消除雙足疲勞，是貼心的設施。

《頭文字 D》朝聖熱潮已大不如前，但在石段上見到這些紀念渠蓋，又令人聯想起故事中以這裡作為背景的情節。

據說石段街最早建於 16 世紀末的戰國時期，當時為了讓受傷士兵可利用泉水進行治療，便建造了長長的石階，以引導山中的泉水供應給兩旁的療養設施，後來發展至溫泉旅館林立。

石段街是伊香保溫泉的象徵，現在全長有 365 級石階，左右兩旁有著旅館、土產店、飲食點、射擊場、溫泉等，營造出獨特的氛圍，歷史氣息濃厚。石段街起點旁邊，有舊夏威夷王國公使別邸及伊香保口留番所的免費參觀設施。走到石階盡頭，可到伊香保神社參拜，還可散步至紅葉勝地河鹿橋、伊香保溫泉露天風呂等等。一條石段街包含了豐富的看點和節目，悠閒地漫步其中可以享受精彩滿足的時光。

群馬県渋川市伊香保町伊香保

https://www.ikaho-kankou.com/aboutikaho/ishidan/

乘搭前往「伊香保温泉（水沢経由）」（群馬）巴士，於「石段街口」下車。

當地政府在 2010 年將石階擴建至 365 級，寓意著這裡一年 365 日都可以繁榮熱鬧。

石段街上共有四個引導溫泉水的「小滿口」，可透過玻璃清楚看到腳下的黃金之湯。

3 舊夏威夷王国公使別邸
（旧ハワイ王国公使別邸）

位處石段街起點旁邊的一座古風建築，是夏威夷王國駐日本公使（Robert Walker Irwin）於 1880 年代建造的一座避暑別墅，是日本現存為數不多的夏威夷王國建築物之一，被渋川市指定為史跡並對外開放。

- 群馬県渋川市伊香保町伊香保 32
- +81-0279-52-2102（渋川市文化財保護課）
- 9:00-16:30
- 星期二（公眾假期則順延至翌日）及年末年始（12 月 28 日至 1 月 4 日）
- 免費

4 伊香保口留番所
（伊香保関所）

同樣位處石段街起點附近的伊香保口留番所，最初設於寬永 8 年（1631 年），是日本古時用以徵收稅金的關所。現在於原地復原了建築，並且成為免費參觀設施。

伊香保口留番所

- 群馬県渋川市伊香保町伊香保 34
- +81-279-22-2873（渋川市觀光課）
- 9:00-17:00
- 每月第二及第四個星期二
- 免費

5 石段の湯
~ 大人氣日歸溫泉

伊香保溫泉最受歡迎的日歸溫泉設施石段の湯，可享受直接來自源泉的黃金之湯，是遊覽石段街的人氣節目。設施內分為男女浴池，各可同時容納約 20 人。

📍 群馬縣渋川市伊香保町伊香保 36
📞 +81-279-72-4526
🕘 9:00-20:00（或有變更）
🅲 每月第二及第四個星期二
（公眾假期則順延至翌日）
💴 成人（中學生以上）¥410，
小學生 ¥200

6 勝月堂
~ 傳承百年傳統風味

伊香保是溫泉饅頭的發源地，在石段街上有多間溫泉饅頭小店。當中勝月堂的湯之花饅頭被選為皇室貢品得以聞名全國，成為遊客熱選。勝月堂於 1910 年開業，其茶褐色的手造湯之花饅頭，至今仍傳承著百年前的傳統味道。

📍 群馬縣渋川市伊香保町伊香保 591-7
📞 +81-279-72-2121
🕘 9:00-18:00（售罄時會提早關門）
🅲 1 月 1 日（有臨時休息）
🌐 http://www.shougetsudo.net/

7 伊香保神社

位於石段街盡頭的伊香保神社，原是祭祀水沢山的山神，後來被遷到伊香保，現成為了溫泉、醫療和商業繁榮的守護神。據說登上 365 級石階來到神社參拜能帶來財運。

📍 群馬県渋川市伊香保町伊香保 1 番
🕐 24 小時
💰 免費

穿過石段街末段的鳥居，就到達伊香保神社。

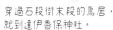
伊香保神社也被當地人認為是一個充滿能量之地而受到尊崇。

8 河鹿橋

～ 浪漫賞楓勝地

由伊香保神社徒步約 10 分鐘，便看到架在山林中朱紅色的河鹿橋，是伊香保溫泉的著名紅葉勝地。秋季楓葉染紅之時，晚上還會點燈，經常吸引一雙一對的戀人穿上傳統浴衣來到河鹿橋賞楓談心，十分浪漫。

📍 群馬県渋川市伊香保町伊香保 590
🕐 24 小時

9 伊香保溫泉飲泉所
~ 最古的飲用溫泉

由河鹿橋步向伊香保溫泉露天風呂的途中，會經過溫泉飲泉所。這是歷史最悠久的飲用溫泉，據說泉水對痛風、肥胖和慢性過敏性疾病有療效。不過黃金之湯的泉水含有大量鐵質，會帶點如鐵水的味道。

📍 群馬縣澀川市伊香保湯元
🕐 24 小時

10 伊香保溫泉露天風呂
~ 大自然忘憂の湯

距離河鹿橋約 10 分鐘步程，就是位處伊香保源泉的露天風呂。在大自然的包圍下，能充分享受源泉的黃金之湯，令人可忘卻塵囂，治癒身心。

📍 群馬縣澀川市伊香保町伊香保 581
📞 +81-279-72-2488
🕐 9:00-18:00；10 月至 3 月 10:00-18:00
🅒 每月第一及第三個星期四 （如是假期會繼續開放）(8 月份不休息)
💴 入湯：成人 ¥450，小童 ¥200
🌐 https://www.ikaho-kankou.com/spring/spa1/

11 伊香保纜車
（伊香保ロープウェイ）

伊香保纜車於 1962 年開始營運，是能觀賞這個溫泉小鎮全貌的設施。經過短短 4 分鐘的空中散步，乘客便由溫泉街的「不如歸」駅到達上之山公園的「見晴」駅。公園內有一個極受歡迎的展望台，可以將腳下的伊香保溫泉一覽無遺，也可遠眺赤城山、谷川岳及日光白根山等壯麗的風光。

山上的見晴駅，標高 955 米。

纜車是 2021 年 3 月全新製造，最多可容納 21 人。

眼前一雙一對的戀人，度過浪漫溫馨的時光。

伊香保纜車距離石段街只有10 分鐘步程。

由見晴駅徒步 3 分鐘，便來到「ときめき展望台」，可以俯瞰伊香保溫泉的全景和遠眺赤城山等壯觀景色。

- 📍 群馬県渋川市伊香保町伊香保 560-1
- 📞 +81-279-72-2418
- 🕘 9:00-17:00
- ⟳ 年中無休
- 💰 來回：成人（中學生以上）¥830，小學生 ¥410
- 🌐 https://www.city.shibukawa.lg.jp/kankou/kankou/index.html
- 🚌 乘搭關越交通巴士，於「伊香保バスターミナル」下車後徒步 5 分鐘

247

12 水澤觀世音（水澤寺）

水澤觀世音又稱為水澤寺，屬天台宗派系的寺院，據說是由高麗的高僧惠灌僧正遵照推古天皇及持統天皇的旨意下開山創立，距今已超過1,300年歷史。境內有建於江戶時代中期的本堂、開運六地藏的六角堂及仁王門，以及鐘樓、釋迦堂及龍王弁財天等。位處水澤觀世音附近的水沢烏冬街，可品嘗知名的日本三大烏冬，加上這裡距離伊香保溫泉只須10分鐘車程，順道一遊都很方便，所以長年都人來人往，熱熱鬧鬧。

📍 群馬県渋川市伊香保町水沢214
📞 +81-279-72-3619
🕐 24小時（釋迦堂9:00-16:00）
🅲 年中無休
🈺 免費
🌐 https://mizusawakannon.or.jp/
🚌 (1) 由JR「高崎」駅西口2號巴士站乘搭前往「伊香保溫泉（水沢經由）」（群馬）巴士，於「水沢觀音」下車，車程約63分鐘，車費¥1,020。
　　(2) 由JR「渋川」駅前4號巴士站乘搭前往「伊香保溫泉（水沢經由）」（群馬）巴士，於「水沢觀音」下車，車程約22分鐘，車費¥510。
　　(3) 由「伊香保案內所」乘搭前往「高崎駅西口／渋川駅」（群馬）巴士，於「水沢觀音」下車，車程約8～12分鐘，車費¥320。

從巴士下車後，經過停車場便來到水澤觀世音的入口。

本堂內供奉著十一面千手觀世音菩薩，所以又稱為觀音堂，被指定為渋川市重要文化財產。

據說這裡是特別吸引女性的「能量點」。

「龍王辨財天」的泉水是水澤觀世音菩薩的靈泉，據說可護佑家財與長壽。

六角堂是全國地藏信仰的精美代表建築，為群馬縣指定重要文化財產。堂內的旋轉台上安放了六尊地藏菩薩，相傳只要誠心祈願，並向左方轉動三次，便可心想事成，所以很受信眾尊崇。

色彩鮮艷的仁王門，是珍貴的歷史建築物，同樣被指定為渋川市重要文化財產。

水澤觀世音停車場一帶，排列著銷售蔬果、特產的攤販，別具地道風味。

建於1975年的大和之鐘，信眾只要捐獻¥100便可敲鐘祈願。

13 水沢烏冬街

～ 品嘗日本三大烏冬

群馬縣的「水沢烏冬」與秋田縣的「稻庭烏冬」及香川縣的「讚岐烏冬」並稱為日本三大烏冬。水沢烏冬起源於400年前，當時水澤觀世音的僧侶善用上州（即現在的群馬縣）盛產的小麥及水沢山的名水來製作出美味的手打烏冬，深被信眾喜愛，時至今日水沢烏冬仍然名氣不減。就在水澤觀世音仁王門前的一條街道，已有十多間烏冬店林立，提供有嚼勁、口感豐富的烏冬，是伊香保的人氣名物。如由高崎駅或渋川駅乘坐巴士前往烏冬街，在「水沢觀音」前一站的「水沢」下車即到達。

📍 大澤屋
～ 連鎖經營

📍 群馬縣渋川市伊香保町水沢125-1
📞 +81-279-72-3295
🕐 10:00-16:00；
　星期六、日及假期 9:30-16:00（或有變更）
🅲 星期四
🌐 http://www.osawaya.co.jp/

大澤屋第一店鋪

大澤屋第二店鋪

📍 群馬縣渋川市伊香保町水沢198
📞 +81-279-72-5566
🕐 9:00-16:00（或有變更）
🅲 星期二

田丸屋
~ 420 年歷史、
水沢烏冬の元祖

📍 群馬県渋川市伊香保町水沢 206-1
📞 +81-279-72-3019
🕐 9:00-15:00（或有變更）
🅲 星期三
🌐 http://www7a.biglobe.ne.jp/~tamaruya/

丹次亭
~ 創業 100 年

📍 群馬県渋川市伊香保町水沢 192
📞 +81-279-72-3739
🕐 8:30-17:00（或有變更）
🅲 星期二
🌐 http://tanjitei.com/

松島屋
~ 300 年歷史老店

📍 群馬県渋川市伊香保町水沢 195-2
📞 +81-279-72-3618
🕐 10:00-15:30（或有變更）
🅲 逢星期四及每月第一、第三個星期五休息。
🌐 https://matusimaya.jp/

符さん助您安排行程：

喜 愛溫泉的朋友，除了草津溫泉之外，請務必造訪伊香保溫泉，保證您開心又滿足。伊香保溫泉前往水澤觀世音及榛名山，乘坐巴士分別只須 10 分鐘及 23 分鐘車程，非常便捷，建議安排兩日一夜的遊覽時間。

草津町

Kusatsu Town

1 草津溫泉
~ 聞名世界の日本三大名泉

位於群馬縣西北部吾妻郡的草津町，最為人知的觀光地必定是草津溫泉。作為日本三大名泉之一，草津溫泉的泉水湧出量每分鐘超過3萬公升，是全日本湧出量第一的溫泉鄉，國內國外名氣超凡。無論在各家旅館或日歸溫泉設施中，都可盡情享受來自源泉具殺菌功效的強酸性天然泉水，千年以來都吸引許多人前來享受這名湯以治癒身心。草津溫泉在「日本溫泉100選」中，連續19年高踞榜首，持續強勁，勢不可當。

湯畑是草津溫泉的地標，四周佈滿觀光和日歸溫泉設施外，還有多不勝數的各式商店和食店，從早到晚都人頭湧湧，氣氛熱鬧。

※ 日本三大名泉：群馬縣「草津溫泉」、岐阜縣「下呂溫泉」及兵庫縣「有馬溫泉」。

📍 群馬県吾妻郡草津町

📞 +81-279-88-0800（草津溫泉觀光協會）

🚌 (1) 由JR「上野」駅乘搭「特急草津号」，於JR「長野原草津口」駅下車，車程約2小時18分鐘，車費¥5,370(指定席)。再於長野原草津口駅前3號巴士站乘搭前往「草津溫泉」(JR關東)巴士，於終點站下車，車程約25分鐘，車費¥710。

(2) 由「バスタ新宿(新宿駅新南口)」乘搭前往「伊香保・草津溫泉(上州ゆめぐり号)」(JR關東)高速巴士，於終點站下車，車程約4小時，車費¥3,550～¥4,000。

(3) 由「輕井沢」駅北口2號／1號巴士站乘搭前往「草津溫泉」(草輕交通／西武觀光)巴士，於終點站下車，車程約1小時16分鐘／1小時40分鐘，車費¥2,240。

🌐 草津町：https://www.town.kusatsu.gunma.jp/
草津溫泉觀光協會：https://www.kusatsu-onsen.ne.jp/
JR關東巴士(上州ゆめぐり号)：http://time.jrbuskanto.co.jp/
JR關東巴士(長野原草津口～草津溫泉)：http://www.jrbuskanto.co.jp/bus_etc/timetable.html
草輕交通巴士：http://www.kkkg.co.jp/bus/rosen-bus.html
西武觀光巴士：https://www.seibubus.co.jp/rosen/karuizawa/

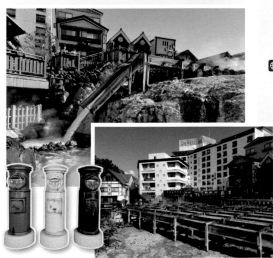

253

泉水流經這些木箱，不但可將過熱的泉水降溫，也可收集天然礦物湯之花。

湯畑是草津溫泉最大的源泉，泉水不斷湧出，散發著濃烈的硫磺味。

2 湯畑

位於溫泉街中心的湯畑，是草津溫泉的象徵。湯畑是供應周邊旅館及溫泉設施的主要源泉，每分鐘湧水量達4,000公升，這些源源不絕的天然泉水經過整齊排列的木箱傾瀉而下，猶如溫泉瀑布般，成為打卡熱點。在湯畑繞圈散步，會看到熱乃湯、光泉寺、御座之湯、白旗の湯、足湯等等的設施，而且各式商店林立，可謂是草津溫泉的心臟地帶。不僅日間人潮不絕，入夜的湯畑點亮浪漫的燈光後更倍添夢幻，所以晚上吸引許多穿上浴衣的遊客前來感受草津這獨特的風情。

湯畑旁邊的免費足湯「湯煙亭」，深受遊客歡迎。

泉水如瀑布般傾瀉而下，是湯畑最受歡迎的拍照熱點。

日間的湯畑已是煙霧瀰漫，晚間打燈後更倍添夢幻。

📍 群馬縣吾妻郡草津町草津
🚌 「草津溫泉バスターミナル」（巴士總站）徒步約4分鐘。

3 熱乃湯

~ 感受草津「湯もみ」的傳統文化

熱乃湯於 2015 年重新打造成大正浪漫風格的建築物，外觀非常獨特。

　　草津溫泉的源泉非常高溫，並不適合隨即入浴，所以古時草津人想出「湯揉（湯もみ）」的做法，即使用長木板翻弄泉水降低水溫，同時亦能使泉水有柔和的效果。位於湯畑旁邊的熱乃湯，就是能感受「湯揉」傳統文化的表演場所，每天 6 場的公演中，經常座無虛席，大受歡迎。

穿著傳統浴衣的表演者，一邊吟唱草津湯揉民謠，一邊翻弄泉水，也會配合傳統舞蹈，努力將自古流傳下來的草津溫泉文化特色廣傳下去。

歷史悠久的「湯揉」表演，已成為草津溫泉的名物。

📍 群馬県吾妻郡草津町草津 414
📞 +81-279-88-3613
🕐 9:30、10:00、10:30、15:30、16:00、16:30
🅲 年中無休
💲 成人 ¥700，小學生 ¥350
🌐 https://www.kusatsu-onsen.ne.jp/netsunoyu/
📖 「草津溫泉バスターミナル」（巴士總站）徒步約 3 分鐘。

4 光泉寺

📍 群馬県吾妻郡草津町草津甲 446
📞 +81-279-88-2224
🕐 24 小時
💲 免費
🌐 http://www.kusatsu.ne.jp/kousenji/
📖 「草津溫泉バスターミナル」（巴士總站）徒步約 1 分鐘。

由湯畑旁邊步上長長的石階，就到達光泉寺。

　　光泉寺屬真言宗豐山派別，據說行基高僧於 721 年在草津為病人祈禱時發現了溫泉，於是建立了藥師堂，供奉藥師如來，並命名為「草津山光泉寺」，為日本三大溫泉藥師之一。於 1200 年，草津藩主湯本氏重建了光泉寺，繼續守護著草津溫泉。境內的本堂、釋迦堂、不動堂、湯善堂、觀音堂及鐘樓等，都是明治時代以後重建或新建的建築物。

由於開山以來多次發生火災，現在的本堂是在 1971 年第五次重建的。

釋迦堂則是建於 1703 年，歷史悠久，古風濃厚。

5 西の河原通り

由 湯畑步行至西之河原公園的主要街道，是草津溫泉有名氣的西の河原通り。在這條古風濃濃的商店街兩旁，有溫泉蛋、雪糕、串燒、溫泉饅頭等等食店林立，也有不少特色土產手信店舖，悠閒地散步其中，可享受觀光、購物和美食的樂趣。

- 📍 群馬縣吾妻郡草津町草津西の河原通り
- 🕐 各店有異
- 🅲 各店有異
- 🚌 「草津溫泉バスターミナル」（巴士總站）徒步約5分鐘。

6 御座之湯
~ 充滿古老溫泉文化氣息

從 江戶到明治時代，湯畑周邊有五個共同浴場，御座之湯便是其中之一。於2013年4月，以江戶時代風格的木造建築御座之湯在湯畑旁邊重現，內裡的「木之湯」和「石之湯」分別使用了「湯畑」與「萬代」兩種源泉，男湯與女湯每天都會作出交替，所以能在不同日子享受不同的源泉。

- 📍 群馬縣吾妻郡草津町草津421
- 📞 +81-279-88-9000
- 🕐 7:00-21:00；12月至3月8:00-21:00
- 🅲 年中無休
- 💰 成人¥700，小童¥350
- 🌐 http://www.gozanoyu.com/
- 🚌 「草津溫泉バスターミナル」（巴士總站）徒步約3分鐘。

7 大滝乃湯

位於草津溫泉街東側的大滝乃湯，是草津頗有名氣的日歸溫泉設施。大滝乃湯是使用「煮川」源泉，館內除了大浴場、露天風呂及桑拿之外，最特別是設有從低溫到高溫四種不同溫度的「組合湯」，可以按溫度高低循序漸進式享受草津傳統的浸泡方式。

📍 群馬県吾妻郡草津町草津 596-13
📞 +81-279-88-2600
🕐 9:00-21:00
🅲 年中無休

💰 成人 ¥980，小童 ¥450
🌐 http://ohtakinoyu.com/
🚌 「草津溫泉バスターミナル」(巴士總站) 徒步約8分鐘。

8 西の河原公園

西の河原公園的入口。

位於溫泉街西側的西の河原公園裡，佈滿地熱和湧出的天然源泉，所以在公園散步，隨處可見一個又一個的小溫泉和冒出的蒸氣。由於公園有著一份荒涼感，所以過去曾被稱為「鬼之泉水」。公園裡散落幾個免費的足湯，十分受歡迎；還有西の河原露天風呂，是能擁抱大自然的人氣日歸溫泉設施。這裡晚上也會點燈，可以享受夜間浪漫的時光。

📍 群馬県吾妻郡草津町大字草津 521-3
🕐 24 小時
🚌 「草津溫泉バスターミナル」(巴士總站) 徒步約15分鐘。

公園裡散落一個又一個的小溫泉，有些泉水相當高溫，必須小心照顧同行的小孩，避免燙傷。

這是公園內最大型的免費足湯設施。

9 西の河原露天風呂

位於西の河原公園裡的露天風呂，擁有草津溫泉最大規模的露天浴池，男湯和女湯共約500平方米，能以360度感受新綠、深綠、紅葉、雪景等四個季節的自然風光，享受至高無上的大自然泡湯樂趣。這裡的泉水是來自「萬代」源泉，具有極好的殺菌消炎作用，對神經痛、關節痛等痛症特別有療效，據說還能美肌，所以深受女性喜愛。

📍 群馬縣吾妻郡草津町大字草津521-3
📞 +81-279-88-6167
🕐 7:00-20:00；12月至3月9:00-20:00
🅒 年中無休
💲 成人￥700、小童￥350
🌐 http://sainokawara.com/
🚌「草津溫泉バスターミナル」（巴士總站）徒步約20分鐘。

符さん提提您：

如果您像我一樣，極度喜愛溫泉，那就不能錯過享有折扣的「草津三湯巡禮（草津三湯めぐり）」。只要購買「三湯巡禮手形（三湯めぐり手形）」，就可以享受「御座之湯」、「大滝乃湯」及「西の河原露天風呂」各一次入浴，體驗草津溫泉不同特色的名湯。手形不設期限，今次未用完，可下次再用，又或送給親朋使用。手形費用成人￥1,800、小童￥800，在以上三湯場所有售。

http://onsen-kusatsu.com/

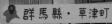

群馬縣・草津町

「白旗の湯」開放時間為 5:00-23:00，位處湯畑旁邊。

10 共同浴場
～ 體驗地道溫泉文化

草津溫泉共有 19 個免費的共同浴場，但遊客只能使用其中的 3 個，那就是白旗の湯、千代の湯和地藏の湯。如果想體驗真正地道風格的公同浴場，不妨一嘗箇中樂趣。場內沒設可上鎖的儲物櫃，務必注意「個人財物，自己看賣」。

「地藏の湯」開放時間為 8:00-22:00，由湯畑徒步約 3 分鐘。

「千代の湯」開放時間為 9:00-17:00，由湯畑徒步約 2 分鐘。

符さん有感：

我熱愛溫泉，所以像草津這種天下名湯很多年前已經朝聖。正因為名氣太大，氣勢強勁，草津溫泉永遠都是人頭湧湧，非常擠擁。在東京生活期間，當我溫泉癮發作的時候，我都會第一時間想起草津，但又恐怕被人潮包圍的壓迫感。思想鬥爭，猶猶豫豫，最後還是去了一次又一次。原因好簡單，有賣力、有氣氛、也有很大的滿足感。草津溫泉，名不虛傳。

259

11 草津白根山

呈現翡翠綠色湖水的湯釜，充滿神秘感。

標高 2,160 米的草津白根山，位處在上信越高原國立公園，在山頂分佈有水釜、涸釜和湯釜三個火山口湖，其中最大的是在中央的湯釜，直徑約 300 米、深度約 30 米。據說湯釜是世界上酸性最強的火山口湖之一，湖中的硫磺泉水呈現出翡翠綠色，與周邊草木不生的荒涼景象對比，顯得既神秘又壯觀。

以往要到白根山遊覽，只要在草津溫泉乘坐巴士便可到達「白根火山」（冬季期間封路不得遊覽）。不過，由於白根山是一座至今仍處於活躍狀態的活火山，自 2018 年 9 月 28 日白根山（湯釜附近）發出爆發警戒後至撰寫本書為止，來往草津溫泉至白根火山的道路仍然全面封閉，暫時嚴禁前往。

位於巴士站附近的弓池，是一個近乎圓形的火山口湖，直徑約 130 米、深度只有 1.6 米，造訪當日已是 5 月中旬，池水仍然結冰。

📍 群馬縣吾妻郡草津町草津
📞 +81-279-88-0800（草津溫泉觀光協會）
🕐 請瀏覽官方網站了解最新情況
🌐 https://www.kusatsu-onsen.ne.jp/
🚌 由「草津溫泉バスターミナル」乘搭「白根火山線」（JR關東／草輕交通／西武觀光）巴士，於「白根火山」下車後徒步 20 分鐘便到達火口展望台，車程約 30 分鐘，車費 ¥1,130。（※ 巴士現時全面停駛）

園內佈滿熔岩的景象，非常壯觀。

12 鬼押出し園

位於草津溫泉與輕井澤之間的上信越高原國立公園，是1783年因淺間山大爆發而形成的自然景點。這裡有一座在日本非常罕見的設施——鬼押出し園，是因當年的大爆發造成如魔鬼在火山口胡亂推出岩石的印象而得名。園內佈滿無數熔岩的壯麗奇景，讓人驚嘆大自然的巨大能量；穿插在熔岩之間，又可以看到很多高山植物，呈現出奇特的對比。

公園中央的淺間山觀音堂，供奉著聖觀世音菩薩和當年火山爆發的遇難者。

📍 群馬縣吾妻郡嬬恋村大字鎌原1053
📞 +81-279-86-4141
🕗 8:00-17:00
🅒 年中無休
🎟 成人（中學生以上）¥650，小學生 ¥450
🌐 https://www.princehotels.co.jp/amuse/onioshidashi/
🚌 (1) 由「草津溫泉バスターミナル」乘搭前往「輕井沢駅」(西武觀光) 巴士，於「鬼押出し園」下車，車程約45分鐘，車費 ¥1,480。
(2) 由「輕井沢」駅北口1號巴士站乘搭前往「草津溫泉」(西武觀光) 巴士，於「鬼押出し園」下車，車程約42分鐘，車費 ¥1,230。

鬼押出し園入口的「鬼めしセンター」內，設有拉麵店和展望餐廳。

符さん助您安排行程：

草津溫泉作為日本三大名泉，真的要來一趟朝聖，最好安排兩日一夜，入住溫泉旅館享受天下名湯，徹底感受草津日與夜的魅力。

中之条町
Nakanojo Town

1 四萬溫泉
~群馬縣の隱世溫泉鄉

（關越交通）「四万溫泉駅」終點站位處在溫泉鄉中央的新湯地區，再向前進就是ゆずりは地區及日向見地區。

免費享用的「河原の湯」共同浴場，就在巴士終點站對面。疫下開放時間為9:00-14:00（正常開放時間9:00-17:00）。

位於四萬川上游的四萬溫泉，與草津溫泉及伊香保溫泉並稱為群馬三名湯。相傳這裡的泉水對四萬種疾病有療效而聞名，自鎌倉時代（1185年－1333年）已廣為人知。四萬溫泉位於上信越高原國立公園海拔700米的高地上，周圍被樹林環繞，充滿清新的自然空氣。憑著優美的自然環境和豐富的泉水量，四萬溫泉與青森縣的酸ヶ湯溫泉及栃木縣的日光湯元溫泉，同被指定為全國第一號國民保養溫泉地，一直深受本地人歡迎。四萬溫泉的街道沿著四萬川延伸，共分為溫泉口、山口、新湯、ゆずりは及日向見五個地區，現有三十多間大大小小的旅館，主要是古老的木造旅館和民宿，也有少量新建的酒店，點綴了這豐厚歷史的古老溫泉鄉。

四面環山的四萬溫泉，附近一帶擁有許多瀑布和豐碩的自然景觀，當中有「四萬藍」稱號的奧四萬湖的景色最具代表性，絕對不能錯過。

📍 群馬縣吾妻郡中之条町四万

📞 +81-279-64-2321（四萬溫泉協會）

🌐 https://nakanojo-kanko.jp/shima/

🚌 (1) 由「東京駅八重洲南口」乘搭「四万溫泉号」（關越交通）高速巴士，車程約4小時，車費單程¥3,350／來回¥5,600。

(2) 由JR「中之条」駅前1號巴士站乘搭前往「四万溫泉」（關越交通）巴士，車程約40分鐘，車費¥950。

※ 由JR「上野」駅乘搭「特急草津号」到JR「中之条」駅，車程約2小時，車費¥4,530（指定席）／由JR「長野原草津口」駅乘搭「吾妻線」到JR「中之条」駅，車程約30分鐘，車費¥420。

關越交通巴士：https://kan-etsu.net/

四萬溫泉的泉水含有鈉、鈣、氯化物與硫酸鹽等豐富礦物質，不但可以浸泡，還可以飲用。在ゆずりは地區就有一座「ゆずりは飲泉所．壮の足湯」，可以雙足泡湯、嘴巴喝湯，享受輕鬆的時光。

小泉の滝

同樣在ゆずりは地區的「小泉瀑布」，落差只有6米，位處在茂密的樹林中，需要走上涼亭才能遠眺瀑布。這裡又被稱為「楓仙峽」，是著名的紅葉勝地，秋季會提升觀賞度。

這裡的溫泉街是充滿懷舊風情的小巷，兩旁林立著茶屋、咖啡店、拉麵及手打蕎麥麵店等。

位於新湯地區的「積善館」，是擁有300年以上歷史的溫泉旅館，本館是現存日本最古老的木造溫泉旅館建築，被指定為群馬縣重要文化財產。據說這裡是著名動畫「千與千尋」的取材之地，所以成為了大人氣的打卡熱點。

距離小泉瀑布約100米，是「大泉瀑布」的位處。這裡的逛步道已經修整，可以步近瀑布潭觀賞和拍照。

奥四萬湖
~別稱「四萬藍」

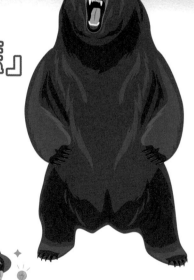

位於四萬溫泉最內側的四萬川水壩旁，就是被稱為「四萬藍」的奧四萬湖。據說奧四萬湖是全國數一數二湖水透明度極高的湖泊，湖面呈現出一份蔚藍的色彩，也會隨著不同的季節和天氣變化出各種的藍色，神秘又美麗。環湖的單程車道及遊步道整備完善，繞湖一圈大約4公里，可以自駕遊或悠閒地散步，欣賞明媚的風光，呼吸新鮮的空氣。

如果沒有駕車，由「四万温泉駅」徒步到奧四萬湖約2.8公里，需時約50分鐘。每年4月至6月這三個月及紅葉季節，有「四万温泉ぐるりんバス」（関越交通）巴士往來溫泉街和四萬川水壩（奧四萬湖），一日乘車券￥500（小童半價），時間班次可瀏覽關越交通網站。

符さん提提您：

四萬溫泉接近奧四萬湖的樹林一帶，經常有熊出沒，務必注意個人安全，步行時最好帶備鈴鐺，或播放手機音樂，又或保持與同行者交談。

符さん有感： ~當我單獨在森林中跟熊邂逅⋯⋯

曾經在北海道旅行時，買過很多「熊出沒注意」的紀念品，對這五個字的感覺，是一個品牌多於忠告含義。自從到東京生活後，每天都看新聞報道，才知道在全國不同地方，經常有熊出沒襲擊人，尤其是新潟、長野、秋田等地。據說由於森林堅果失收致食物不足，很多熊走出市區覓食，對人造成的威脅愈來愈大。因為看過太多熊襲擊人致重傷甚至死亡的報道，所以我都習慣了保持高度警覺，背囊上總是掛上鈴鐺護身。

這次來四萬溫泉留宿，我選擇了入住接近森林的一間溫泉酒店，因為從日向見地區徒步到奧四萬湖只須20分鐘而已。那一天早上6時醒來，天朗氣清，我滿心興奮出發到奧四萬湖，迎接「四萬藍」的絕景。步行了5分鐘後，我才醒覺因為換上了小袋，忘記從背囊上取出鈴鐺傍身，心中充滿不安，但仍繼續前進。不料再過3分鐘後，就在我正面只有3米之距，一隻肥大肉厚的黑熊從左方樹林走到右方樹林之中，因為距離實在太近了，所以我頓時感到死神向我招手，呼吸困難。那一刻，我在想：必須冷靜保命。我跟隨從電視節目上學到的知識，視線不離、緩慢地倒退而行，直至有一段距離，再奔跑返回酒店。我喘著氣跟酒店職員說：「我剛才遇到熊啊」，但他卻淡然回應：「是啊，這裡是森林，有很多熊的」。原來是這樣，我只好請求職員代我召喚的士，可惜他回應：「這裡沒有的士的」。正因如此，我放棄了一個非常渴望前往的景點，但我不會後悔，因為我根本不知道牠是「膽小熊」？還是「饑餓熊」？再行近牠會否撲出來撕咬我？附近還有多少隻黑熊？就算我成功上山看到絕景，回程也有可能再度重遇黑熊，要保住性命，將來才有更多觀賞絕景的機會。

因為有這段經歷，所以我會特別提醒讀者，千萬不可輕視「熊出沒」。生命寶貴，好好珍惜。

2 四萬甌穴群（四万の甌穴群）

～ 群馬縣天然紀念物

從「四万甌穴前」下車後，隨即看到入口。

四萬甌穴群位於四萬溫泉的入口，距離溫泉旅館區約2至3公里。據説在四萬川河床上，因為急流漩渦捲起沉在川底的石塊並打轉，經歷數萬年的侵蝕打磨，慢慢形成了一個一個壺形、光滑的甌穴（又稱為壺穴），堪稱為大自然的奇觀。四萬甌穴群共有8個大大小小的甌穴，最大的一個直徑達3米，深4米。這裡因應不同的季節或天氣，河川會呈現出多種不同的藍色，非常美麗，成為受歡迎的風景名勝，並於1971年被指定為群馬縣的天然紀念物。

- 📍 群馬県吾妻郡中之条町四万3520
- 🕐 24小時
- 🌐 http://www.ouketsu.net/
- 🚌 (1) 由JR「中之条」駅前1號巴士站乘搭前往「四万温泉」（關越交通）巴士，於「四万甌穴前」下車，車程約23分鐘，車費¥880。
  (2) 由「四万温泉駅」乘搭前往「中之条駅」（關越交通）巴士，於「四万甌穴前」下車，車程約8分鐘，車費¥390。

從入口可俯瞰四萬甌穴群的全貌。

河川清澈見底，
清楚看到近乎圓形的甌穴，
蔚為奇景。

遊覽完畢，可到巴士站旁的手信店
和售賣土產的攤檔逛逛。

符さん助您安排行程：

萬溫泉與草津溫泉同樣位於吾妻
郡，可以安排緊接行程。

想享受悠閒時光，這裡的
「森の Café KISEKI」是
很好的選擇。

眼前是最大的一個甌穴，是大自然經歷數萬年歲月所創造的藝術品。

栃木
Tochigi
縣

栃木縣位於關東地方的北部，是關東最大的一個縣。栃木縣最為人所熟悉的觀光地，當然是坐擁世界文化遺產的日光二社一寺，但其賣華嚴瀑布、龍王峽等大自然賦予的壯麗景觀都很值得遊覽。那須鹽原擁有許多賞楓名勝，散落於溪谷中大大小小的吊橋及呈現各種姿態的瀑布，都是賞心悅目的美景。作為日本皇族代代以來的度假勝地，可想而知那須高原的自然風光是何其豐富。千年歷史的那須溫泉和茶臼岳的絕景都是那須高原的寶庫。

栃木縣的士多啤梨產量是全國之首，還有宇都宮餃子和日光腐皮鄉土料理都是知名的美食。

🌐 栃木縣觀光旅行情報：https://www.tochigiji.or.jp/

日光

Nikko

日光市是栃木縣的重點旅遊勝地。世界文化遺產「日光的社寺」，擁有眾多國寶和絢麗豪華的建築，長年都吸引國內外遊客的造訪。感受過厚重的歷史文化後，走到中禪寺湖、華嚴瀑布、龍王峽等豐富的自然環境中，一嘗再嘗都是看不厭的自然美景，又是另一種難忘的遊歷。景點豐富，行程緊湊，最適合到鬼怒川溫泉旅館留宿作為據點，好好享受溫泉和美食，消除疲憊，繼續旅途。

🚆 (1) 淺草駅 → 東武日光駅（東武特急 SPACIA，約1小時50分鐘，¥2,750（指定席））

(2) 新宿駅／池袋駅 → 東武日光駅（JR東武相互直通特急 SPACIA，約2小時，¥4,080 ／¥3,950（指定席））

🌐 日光市觀光協會：http://www.nikko-kankou.org/

東武鐵道：https://www.tobu.co.jp/

JR東日本：https://www.jreast.co.jp/

東武日光駅前巴士站。

東武巴士乘車優惠券：

東武巴士公司向遊客提供多種乘車優惠券，由JR「日光」駅出發，途經東武鐵道「東武日光」駅，前往日光地區不同的旅遊景點。

📍 購買地點：JR「日光」駅綠色窗口或東武鐵道「東武日光」駅遊客中心。

🌐 東武巴士（日光路線）：https://www.tobu-bus.com/pc/area/nikkou.html

世界遺產巡迴巴士
（世界遺産めぐり循環バス）

💲 一日乘車券：成人 ¥600、小童 ¥300，可前往日光山輪王寺、日光東照宮、日光二荒山神社及神橋。

中禪寺溫泉 Free Pass
（中禅寺温泉フリーパス）

💲 兩日乘車券：成人 ¥2,300、小童 ¥1,150，可前往神橋、西參道入口（近日光二荒山神社）及中禪寺溫泉（華嚴瀑布及中禪寺湖）。

東武鐵道「東武日光」駅。

日光東照宮
～世界文化遺產

東照宮是以江戶幕府初代將軍德川家康(1543-1616)作為神靈祭拜的神社,在全國各地共有100多座。

日光東照宮、日光山輪王寺及日光二荒山神社被稱為二社一寺,作為「日光的社寺」於1999年被列入世界文化遺產,當中以日光東照宮最具名氣。

創建於1617年的日光東照宮,現在的社殿群大部分是由三代將軍家光於1636年重建的。境內有55座建築物,其中包括8棟國寶和34棟重要文化財產。由於是供奉德川家康的神社,當年徵召了來自全國各地的知名工匠,在建築物上施以許多有意義的精心雕刻,並且上漆繪彩,極盡豪華,成為美輪美奐的傑作。

境內每處都可見金碧輝煌的社殿,經過400多年歲月的洗禮,仍然呈現出華麗建築之美。

國寶陽明門擁有500多個大大小小不同含義的雕刻,是相當受注目的建築物。

被雕刻在東迴廊上的「眠貓」,據說是由左甚五郎在江戶時代早期創作的,同樣被指定為國寶。穿過此處是通往德川家康長眠之地「奧宮」。

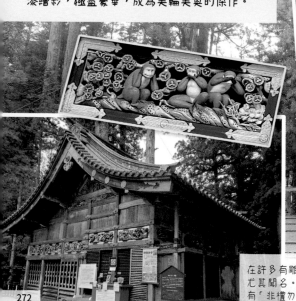

在許多有雕刻的建築物中,以神廄舍上的雕刻尤其聞名。三隻猴子以手遮眼、掩耳、掩嘴,有「非禮勿視,非禮勿聽,非禮勿言」的含義。

國寶唐門又是盡現巧奪天工的建築。

- 📍 栃木縣日光市山內 2301
- 📞 +81-288-54-0560
- 🕐 9:00-17:00；11 月至 3 月 9:00-16:00
- 🅲 年中無休
- 💲 東照宮拜觀費：成人 ¥1,300，小 / 中學生 ¥450
  寶物館入館費：成人 ¥1,000，小 / 中學生 ¥400
  (※ 東照宮‧寶物館共通券：成人 ¥2,100，
  小 / 中學生 ¥770。)
- 🌐 https://www.toshogu.jp/
- 🚉 由 JR「日光」駅前／東武鐵道「東武日光」
  駅前乘搭「世界遺產巡迴巴士」，於「表
  參道」下車後徒步 15 分鐘，車程約 11 / 8
  分鐘，車費 ¥350。

2 日光山輪王寺
～世界文化遺產

據說輪王寺起源於日光開山鼻祖勝道上人所創建的四本龍寺。於 1645 年，由第三代將軍德川家光重建的本堂——三佛堂，為東日本最大規模的木造建築物，堂內供奉著千手觀音、阿彌陀如來及馬頭觀音三尊巨大佛像。大猷院是德川家光的陵墓，被登錄為世界遺產的境內有 22 件國寶及重要文化財產。寶物殿也收藏著約 3 萬件與日光山 1,250 年歷史相關的珍貴寶物。鄰接寶物殿的逍遙園，是以日光紅葉而聞名的日式庭園，景致優美，秋季吸引眾多遊客造訪。

- 📍 栃木縣日光市山內 2300
- 📞 +81-288-54-0531
- 🕐 8:00-17:00；11 月至 3 月 8:00-16:00
- 🅲 年中無休（大猷院於 4 月 18 至 20 日、5 月
  17 日及 7 月 14 至 15 日休息）
- 💲 三佛堂‧大猷院‧寶物殿共通券 成人 ¥1,000，
  小 / 中學生 ¥500；輪王寺券（三佛堂‧大猷
  院）成人 ¥900，小 / 中學生 ¥400；三佛堂‧
  寶物殿共通券 成人 ¥500，小 / 中學生 ¥300；
  三佛堂 成人 ¥400，小 / 中學生 ¥200；大猷
  院 成人 ¥550，小 / 中學生 ¥250；寶物殿‧
  逍遙園 成人 ¥300，小 / 中學生 ¥100
- 🌐 http://www.rinnoji.or.jp/
- 🚉 由東武鐵道「東武日光」駅前乘搭「世界遺
  產巡迴巴士」，於「勝道上人像前」／「大
  猷院 二荒山神社前」下車，車程約 7 / 14
  分鐘，車費 ¥350。

3 日光二荒山神社

～ 世界文化遺產

於 766 年，由勝道上人創建了四本龍寺與二荒山神社，開啟了日光山的山岳信仰。二荒山神社將二荒山（男體山）作為御神體祭祀，自古便深受當地人民的尊崇，以招福及結緣而廣為人知。此外，位於日光山內入口處的「神橋」，也是二荒山神社的建築物之一，是象徵著通往世界遺產「日光的社寺」的橋樑。

從東照宮前往二荒山神社的參拜道，是很受歡迎的能量景點。

📍 栃木県日光市山內 2307
🕐 8:30-17:00；11月至 3月 9:00-16:00
💰 本社神苑：成人 ¥300，小／中學生 ¥100
📞 +81-288-54-0535
🅲 年中無休
🌐 http://www.futarasan.jp/
🚌 (1) 由東武鐵道「東武日光」駅前乘搭前往「中禅寺温泉」或「湯元温泉」東武巴士，於「西參道入口」下車後徒步 7分鐘，車程約 6分鐘，車費 ¥350。
　　(2) 由東武鐵道「東武日光」駅前乘搭「世界遺產巡迴巴士」，於「大猷院 二荒山神社前」下車，車程約 14分鐘，車費 ¥350。

4 神橋 ～ 世界文化遺產

建 於日光山內入口的大谷川上的神橋，為一道木造朱漆橋，寬 7.4 米，全長 28 米，是日本三大奇橋之一。傳說古時勝道上人在此處無法渡河，於是祈求神佛護持時，出現了一位仙人，並架起了這座橋。自古以來，神橋被民間認為是神聖的橋而深受敬重。它曾於 1902 年被洪水沖走，現在的神橋是在 1904 年重建的。

※ 日本三大奇橋：栃木縣的神橋、山口縣的錦帶橋及山梨縣的猿橋。

📍 栃木県日光市上鉢石町
🕐 8:30-16:00；11月至 3月中旬 9:30-15:00
💰 成人 ¥300，小／中學生 ¥100
📞 +81-288-54-0535（日光二荒山神社）
🅲 天氣惡劣時無法參觀
🌐 http://www.shinkyo.net/
🚌 由東武鐵道「東武日光」駅前乘搭前往「中禅寺温泉」或「湯元温泉」東武巴士，於「神橋」下車後徒步 1分鐘，車程約 4分鐘，車費 ¥220。

5 華嚴瀑布（華厳ノ滝）
～日本三大瀑布

日光瀑布眾多，更有「日光四十八瀑布」之稱而聞名，當中以位於中禪寺湖畔的華嚴瀑布最享盛名，是日本三大瀑布之一。澎湃的中禪寺湖水從岩壁傾瀉而下形成的華嚴瀑布，落差97米，寬7米，水勢磅礴，非常壯觀。只要乘搭付費電梯到達觀瀑台，便能置身於瀑布潭前，聽著震撼的轟轟水聲，欣賞水花飛濺的傑作。綠意盎然的春夏，鮮豔紅葉圍繞的秋色，藍色冰柱的寒冬，全年都能欣賞到令人感動的大自然之美。

華嚴瀑布電梯售票處及入口。

電梯直達100米深的通道，要注意地面相當濕滑。

※ 日本三大瀑布：栃木縣的華嚴瀑布、和歌山縣的那智瀑布及茨城縣的袋田瀑布。

📍 栃木県日光市中宮祠 2479-2
📞 +81-288-55-0030
🕐 3月至4月 9:00-17:00；
　　5月至11月 8:00-17:00；
　　12月至2月 9:00-16:30
🅲 年中無休
💲 電梯：成人（中學生以上）¥570，
　　小學生 ¥340
🌐 http://kegon.jp/
🚌 由東武鐵道「東武日光」駅前乘搭前往「中禪寺溫泉」或「湯元溫泉」東武巴士，於「中禪寺溫泉」下車後徒步5分鐘，車程約45分鐘，車費 ¥1,250。

站在觀瀑台最能感受到磅礴的氣勢，瀑布潭前呈現的雙彩虹增添美態，實在嘆為觀止。

由華嚴瀑布／中禪寺溫泉巴士站分別徒步10分鐘／5分鐘，便到達中禪寺湖畔的大鳥居。

6 中禪寺湖

位於奧日光入口處的中禪寺湖，是大約在2萬年前由男體山噴出的熔岩形成的湖泊。中禪寺湖海拔1,269米，周長25公里，有多條環湖散步道，湖畔也不乏著名景點，四季風景美麗，尤其是初夏的杜鵑花和秋天的紅楓。乘坐遊覽船在水中央欣賞湖光山色，是令人難忘的光景。

中禪寺湖水清澈美麗，在湖畔散步相當享受。

📍 栃木縣日光市中宮祠
🌐 http://www.nikko-kankou.org/spot/12/
🚌 由東武鐵道「東武日光」駅前乘搭前往「中禪寺溫泉」或「湯元溫泉」東武巴士，於「中禪寺溫泉」下車，車程約45分鐘，車費¥1,250。

7 中禪寺湖遊覽船

乘坐遊覽船不但可飽覽湖光山色的絕景，也可沿航程的中途點上岸，遊覽湖畔景點，非常方便。特別推薦「中禪寺湖一周路線」，全程需時55分鐘，中途可選擇在「葛蒲ヶ浜」、「大使館別莊記念公園」、「立木觀音」自由上落，遊覽龍頭瀑布、意大利．英國大使館別莊及立木觀音等觀光景點。

中禪寺湖遊覽船售票處及碼頭——「船の駅中禪寺」。

📍 栃木縣日光市中宮祠2478-21
📞 +81-288-55-0360
🕘 9:00-17:00
📅 12月至4月上旬
💰 中禪寺湖一周路線乘船費：成人（中學生以上）¥1,400，小學生¥700
🌐 http://www.chuzenjiko-cruise.com/
🚌 由東武鐵道「東武日光」駅前乘搭前往「中禪寺溫泉」或「湯元溫泉」東武巴士，於「中禪寺溫泉」下車後徒步8分鐘或「船の駅中禪寺」下車即到達，車程約45分鐘／52分鐘，車費¥1,250／1,300。

最多可容納500人的華嚴號遊覽船。

在船上觀賞標高 2,486 米的男體山，更感到壯嚴和神聖。

在「菖蒲ヶ浜」上岸，可前往龍頭瀑布。

從船上遠眺的英國大使館別莊紀念公園，可選擇上岸參觀。

也可在「立木觀音」上岸參觀（立木觀音為日光山輪王寺的別院）。

8 日光二荒山神社中宮祠

這裡是男體山上奧宮的登山口，登山來回需要 6 至 7 小時。

坐落於中禪寺湖北岸、男體山山麓的神社，因位處是男體山山頂的奧宮與日光市街的二荒山本社的中央，因此被稱為中宮祠。這裡也是男體山的登山入口，每年 4 月下旬至 11 月上旬開山期間，登山客人來人往，非常熱鬧。

📍 栃木県日光市中宮祠 2484
📞 +81-288-55-0017
🕐 8:00-17:00；11 月至 3 月 9:00-16:00
🅒 年中無休
💰 免費參拜
🌐 http://www.futarasan.jp/
🚌 由東武鐵道「東武日光」駅前乘搭前往「湯元温泉」東武巴士，於「二荒山神社中宮祠」下車，車程約 53 分鐘，車費 ¥1,400。
（※ 距離「船の駅中禪寺」（遊覽船碼頭）只有 5 分鐘步程。）

9 龍頭瀑布（竜頭ノ滝）
～奧日光三大名瀑

由男體山火山爆發所形成的龍頭瀑布，從湯之湖流出、注入中禪寺湖之前的湯川地方。龍頭瀑布與華嚴瀑布、湯瀑布被譽為奧日光三大名瀑。瀑布全長約210米，高低落差60米，據說因為從正面看到的巨石酷似龍頭，左右瀑布的流動就像是龍鬚一樣而被命名。瀑布潭前設有茶屋，這裡是春天欣賞杜鵑、秋天賞楓的最佳景點。

📍 栃木県日光市中宮祠
🌐 http://www.nikko-kankou.org/spot/6/
🚌 由東武鐵道「東武日光」駅前乘搭前往「湯元温泉」東武巴士，於「竜頭の滝」下車，車程約1小時，車費¥1,600。

瀧見台的前方是手信店，後方就是觀賞瀑布的地方。

除了乘搭巴士外，也可乘坐遊覽船在「菖蒲ヶ浜」上岸，徒步700米、約10分鐘，便可到達龍頭瀑布。

瀧見台旁邊的龍頭之茶屋，可以一邊觀賞美景一邊品嚐美食。

這裡還有版情庵小食店，誠意推介堪稱絕品的咖哩包（¥300）。

10 霧降瀑布（霧降ノ滝）

~ 日光三大名瀑

霧降瀑布自古以來與華嚴瀑布、裏見瀑布並稱為日光三大瀑布。霧降川上的瀑布分成兩段落下，上段為 25 米，下段則為 26 米，落差 75 米。據說當下段瀑布撞擊到岩石時，水如霧一般飛散而得名。瀑布正前方設有觀瀑台，方便遊客觀賞拍照，每年 10 月下旬至 11 月中旬的紅葉時期，景色堪稱一絕。

這就是密林中的霧降瀑布，秋楓染紅時景色更加可觀。

從巴士下車後，徒步 340 米、約 10 分鐘，便來到觀瀑台。

霧降瀑布入口處有「山の Restaurant」又「霧降庵」茶屋。

📍 栃木県日光市所野

🌐 http://www.nikko-kankou.org/spot/120/

🚃 由東武鐵道「東武日光」駅前乘搭前往「霧降高原・大笹牧場」東武巴士，於「霧降の滝」下車後徒步 10 分鐘，車程約 10 分鐘，車費 ¥380。

279

鬼怒川溫泉駅的外觀。

步出車站，隨即見到建在廣場的鬼怒太雕像。

11 鬼怒川溫泉

位於日光市鬼怒川上游的鬼怒川溫泉，早在江戶時代已被發現，歷史相當悠久，是關東地區知名的溫泉鄉。鬼怒川溫泉的泉水為鹼性單純溫泉，據說對紓緩神經痛症、消除疲勞最具功效，沿鬼怒川溪谷排列著數十間旅館和酒店，可盡享四季溪谷美景的溫泉樂趣。在溫泉鄉裡還可乘坐鬼怒川纜車、遊覽鬼怒楯岩大吊橋；在周邊也有東武 WORLD SQUARE、龍王峽等著名景點，所以鬼怒川溫泉是適合作為日光周遊的據點。

📍 栃木県日光市鬼怒川溫泉大原

📞 +81-288-77-1039（鬼怒川溫泉旅館組合）

🌐 http://www.kinugawa-onsen.com/

🚃 (1) 淺草駅 → 鬼怒川溫泉駅（東武特急きぬ号，約2小時，¥3,050(指定席)）

(2) 新宿駅／池袋駅 → 鬼怒川溫泉駅（JR東武相互直通特急 SPACIA，約2小時15分鐘，¥4,080／¥3,950（指定席））

(3) 東武日光駅 → 下今市駅 → 鬼怒川溫泉駅（東武日光線・東武鬼怒川線，約40分鐘，¥320）

駅前廣場的「鬼怒太之湯」，是全年免費開放的足湯，每日開放時間：9:00-18:00。由於就在車站的正面，不少人都在乘車之前來享用足湯，以擺脫旅途的疲憊。

12 鬼怒楯岩大吊橋

距離鬼怒川溫泉駅只有10分鐘步程的一座大吊橋，全長140米，是連接溫泉街和楯岩的鬼怒楯岩大吊橋。站在高37米的橋上，可以俯瞰鬼怒川的激流和鬱鬱蔥蔥的群山，也是著名的賞楓勝地。走上楯岩山頂的展望台，眼下是溫泉街的全景，遠處的雞頂山等高原山脈也一覽無遺。

- 📍 栃木県日光市鬼怒川溫泉大原1436
- 🕐 24小時免費參觀
- 🌐 http://www.nikko-kankou.org/spot/41/
- 🚃 由東武鐵道「鬼怒川溫泉」駅徒步約10分鐘。

從大吊橋徒步約5分鐘，便到達楯岩展望台，可俯瞰鬼怒川溫泉的全景。

13 鬼怒川溫泉纜車

連接溫泉山麓駅和丸山山頂駅的鬼怒川溫泉纜車，高差300米，只須4分鐘就到達了山頂駅廣場。這裡飼養了一群猴子，遊客可到猴園參觀和餵猴。從標高700米的空中庭園展覽台，可飽覽溫泉街的風光外，也可遠眺北面的那須山脈，甚至在天晴時還可以看到東京晴空塔。

- 📍 栃木縣日光市鬼怒川溫泉滝834
- 📞 +81-288-77-0700
- 🕘 9:00-16:00
- 🅲 年中無休（或有臨時休息）
- 💴 來回：成人（中學生以上）¥1,100，小童（4歲至小學生）¥550
- 🌐 https://ropeway.kinu1.com/
- 🚃 由「鬼怒川溫泉」駅徒步約30分鐘或乘坐的士約5分鐘。

山頂的新名所「雙龍門」，降臨在溫泉神社的正面。

從山頂駅廣場的一之鳥居拾級而上，只須3分鐘就到達溫泉神社。

天晴的時候，在空中庭園展望台可以看到四季的美景。

14 東武 WORLD SQUARE

（東武ワールドスクウェア）

～ 地球大追蹤

東武 WORLD SQUARE 是一個以世界建築為主題的公園，以 1：25 的比例再現了世界著名的建築和遺址，猶如環遊世界的旅程。分為 6 個區域的小人國裡，精確複製了來自 22 個國家的 102 座建築物，其中包括 48 座世界文化遺產，讓來訪者欣賞工匠們精巧雕刻傑作的同時，也可近距離感受世界人民的生活。每年秋冬期間，園內還推出夜間點燈活動，散步在燈光閃耀的世界夜景裡，可享受到有別於日間的奇妙世界之旅。

東京鐵塔

巴黎凱旋門

美國白宮

- 📍 栃木県日光市鬼怒川温泉大原 209-1
- ☎ +81-288-77-1055
- 🕐 3 月 20 日至 11 月 30 日 9:00-17:00；
  12 月 1 日至 3 月 19 日 9:30-16:00
  秋冬點燈期間及時間：11 月上旬至 3 月下旬的星期六、日及公眾假期 16:30-19:30 / 20:00（或有變更，請瀏覽網站）
- C 年中無休
- 💰 成人（中學生以上）¥2,800，小童（4 歲至小學生）¥1,400
  （※ 預售券：成人 ¥2,500，小童 ¥1,200，購買地點請瀏覽網站）
  點燈入場費：成人 ¥1,500，小童 ¥1,000（日間入場者無須再購票）
- 🌐 http://www.tobuws.co.jp/
- 📖 (1) 由「鬼怒川温泉」駅乘搭「東武鬼怒川線」，於「東武ワールドスクウェア」駅下車後徒步 1 分鐘，車程 3 分鐘，車費 ¥150。
  (2) 由「鬼怒川温泉」駅前 3 號巴士站乘搭「江戶村線」日光交通巴士，於「東武ワールドスクウェア園內」下車，車程 5 分鐘，車費 ¥210。

羅馬競技場

東武 WORLD SQUARE 的外觀。

埃及金字塔和獅身人面像

亮燈後的東京晴空塔

莫斯科聖瓦西里大教堂

巴黎鐵塔

廣島縣嚴島神社和台北 101 大樓

北京故宮

野岩鐵道會津鬼怒川線「龍王峽」駅的外觀。

從車站徒步3分鐘，經過一排茶屋、手信店，便是龍王峽的入口。

15 龍王峽
~ 絕景散策遊

龍王峽是指從鬼怒川上游的川治溫泉綿延約3公里至鬼怒川溫泉的峽谷。據說於2,200萬年前，由海底火山活動噴發的火山岩，經歷鬼怒川的水流侵蝕而形成了壯麗的峽谷，因其形狀如龍騰躍，於1950年被命名為龍王峽。

龍王峽可細分為青龍峽、白龍峽及紫龍峽三個路段，共有四條散策路線：虹見橋來回路線（需時20分鐘）、むさび橋巡迴路線（需時60分鐘）、白岩路線（需時60分鐘）及川治溫泉岩風呂路線（需時3小時）。龍王峽可謂鬼怒川最有名氣的自然景點，新綠景致如畫，紅楓環抱秋景更加令人著迷，因此成為了深受歡迎的散策勝地。

起步約5分鐘後，已來到五龍王神社。

📍 栃木県日光市藤原1357
🌐 http://www.ryuokyo.org/
🚉 由「鬼怒川溫泉」駅乘搭「東武鬼怒川線」，於「新藤原」駅下車，轉乘「野岩鉄道会津鬼怒川線」，於「龍王峽」駅下車，車程約18分鐘，車費約350。
（※ 車程要視乎轉車接駁時間）

這是在神社附近的虹見瀑布，遠處是虹見橋。顧名思義，天晴時可以看到彩虹的瀑布。

在虹見橋上回頭看，是觀感不一樣的虹見瀑布和五龍王神社。

站在虹見橋上看到的景象，是令人喜悅的溪谷美景。

站在むささび橋上，可以欣賞到各種奇岩怪石，是一個充滿力量的大景觀，所以這裡稱之為「大觀」。

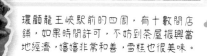

環顧龍王峽駅前的四周，有十數間店鋪，如果時間許可，不妨到茶屋振興當地經濟，婆婆非常和善，雪糕也很美味。

符さん助您安排行程：

日光的二社一寺非常接近，可先選擇遊覽神橋，然後經神橋對面的參道，徒步順遊輪王寺、東照宮和二荒山神社。遊覽華嚴瀑布之後，徒步就可到達中禪寺湖，如果選擇乘坐遊覽船，建議在「菖蒲ヶ浜」上岸遊覽龍頭瀑布，可節省巴士費用及候車時間。日光的景點需要兩天的遊覽時間；而鬼怒川溫泉則可安排一天或一天半的遊覽時間。日光距離鬼怒川溫泉只有40分鐘車程，車費也便宜。

Utsunomiya 宇都宮

位於栃木縣中部的宇都宮市，作為縣政府的所在地，不僅是縣內的大城市，甚至是北關東地區最繁榮的大都市。實不相瞞，相比日光和那須鹽原，宇都宮的觀光地略為遜色，但卻憑著一個「餃子之城」的美譽而聞名全國。

已有20多年歷史的宇都宮餃子祭，每年11月的第一個周六和周日在宇都宮城址公園舉行，由數十間食店供應各自的招牌餃子，以¥100優惠價格回饋市民，是非常受注目的年度活動。然而，多年來以餃子的人均消費量位居榜首的宇都宮，近年已被靜岡縣浜松市及宮崎縣宮崎市相繼超越其地位，掀起了被媒體稱之為「餃子戰爭」。2021年9月我再訪宇都宮時，仍然見到餃子店林立，當中不乏長長人龍的人氣店舖，有種感覺宇都宮會努力重奪日本一的寶座。

🚃 (1) JR東京駅 → JR宇都宮駅（東北新幹線，約50分鐘，¥5,020(指定席)）
　　(2) JR日光駅 → JR宇都宮駅（JR日光線，約42分鐘，¥770）

🌐 宇都宮觀光協會：http://www.utsunomiya-cvb.org/

1 宇都宮二荒山神社

建 於1,600年前的宇都宮二荒山神社，正式名稱為二荒山神社，但為了與日光的二荒山神社作出區別，所以加上「宇都宮」三字。神社供奉著宇都宮的創始人豐城入彥命，是歷代武將所崇敬的古老神社，直到現在仍是市民心靈的源泉，是宇都宮市的象徵。

- 📍 栃木縣宇都宮市馬場通り1丁目1-1
- 📞 +81-28-622-5271
- 🕐 5:00-21:00
- 🇨 年中無休
- 💲 免費參拜
- 🌐 https://twitter.com/futaarasan
- 📖 由JR「宇都宮」駅徒步約18分鐘／「東武宇都宮」駅徒步10分鐘。

2 宇都宮城址公園

宇 都宮城據說是平安時代後期的藤原秀鄉或藤原宗圓所建，江戶時代被譽為關東地區的七座名城之一，因戊辰戰爭而被燒毀。於2007年在宇都宮城址復原了部分建築，使清明台、富士見櫓、土塀及護城河等可重現眼前，並作為市民公園對外開放。每年2月下旬至4月中旬，園內的河津櫻、垂枝櫻、染井吉野及大山櫻等各種櫻花相繼盛開，非常精彩。

- 📍 栃木縣宇都宮市本丸町、旭1丁目地內
- 📞 +81-28-632-2529（宇都宮市都市整備部公園管理課）
- 🕐 公園24小時；參觀施設 9:00-19:00
- 🇨 12月29日至1月3日（參觀施設）
- 💲 免費
- 🌐 https://www.city.utsunomiya.tochigi.jp/
- 📖 由JR「宇都宮」駅徒步約20分鐘／「東武宇都宮」駅徒步10分鐘。

3 ORION 通商店街
（オリオン通り商店街）

擁有 70 多年歷史的 ORION 通商店街，位於宇都宮市中心，是栃木縣最大的繁華街，向來是宇都宮商業都市的象徵。在全長約 500 米的拱廊式商店街裡，各式餐飲店、服裝店、精品店、雜貨店鱗次櫛比，人群熙來攘往，非常熱鬧。

- 📍 栃木県宇都宮市江野町
- 🔒 各店有異
- Ⓒ 各店有異
- 🌐 http://www.orion.or.jp/
- 🚃 由 JR「宇都宮」駅徒步約 15 分鐘／「東武宇都宮」駅（東口）即到達。

符さん助您安排行程：

宇都宮向來都不是特別著名的觀光勝地，但由於是北關東最繁榮的城市、JR 主要轉車站，所以花半天時間順道一來購物和吃餃子的大有人在，特別是每年 11 月舉行的宇都宮餃子祭，非常吸引。如果您喜歡餃子，去吧！

清明台及富士見櫓均可免費入內參觀。

4 市貝町芝櫻公園

於 2006 年開園的市貝町芝櫻公園，佔地約 1.8 公頃，園內種植了粉紅、紫、白、紅四種顏色約 20 萬株芝櫻，為本州最大規模的芝櫻公園之一。園內設有展望台，可以 360 度欣賞芝櫻全景，猶如拼布般的景致令人迷戀。芝櫻祭在每年 4 月中旬至 5 月上旬舉行，期間設有當地農產物、古董等攤販，還可在餐廳品嘗蕎麥麵等美食，每年都吸引眾多縣內縣外的遊客前來，是栃木縣主要旅遊景點之一。

📍 栃木縣芳賀郡市貝町見上 614-1

📞 +81-285-68-4839（芳那水晶湖）

🕐 芝櫻祭期間：每年 4 月中旬至 5 月上旬
　　開園時間：8:00-17:00

💲 成人（中學生以上）¥300，小童免費

🌐 https://www.ichikai-sibazakura.jp/

📖 由 JR「宇都宮」駅乘搭「鳥山線」，
　　於 JR「鳥山」駅下車，車程約 50 分鐘，
　　車費 ¥590。再轉乘的士，需時約 15 分鐘，車費約 ¥3,000。

生產量日本一的栃木縣士多啤梨直銷攤檔，價廉又物美。

古董攤檔擺賣的懷舊物品多不勝數，目不暇給。

這位遊客尋到許多寶物，買個不停，相當開心。

Nasushiobara
那須鹽原

位於栃木縣東北部的那須鹽原市，擁有豐富的自然美景。鹽原的紅葉聞名全國，紅葉谷大吊橋、紅之吊橋都是大人氣的賞楓名勝。綿延11公里的鹽原溪谷遊步道，沿途有大大小小的吊橋和瀑布，無論新綠和楓紅的時節，景色同樣吸引。那須鹽原的牛奶生產量是本州第一，所以不可錯過到牧場的機會。鹽原溫泉鄉擁有1,200多年歷史，以150個源泉之多成為北關東第一豐富的溫泉勝地，真的沒有借口不到溫泉旅館宿一宵。美景看得愉快，溫泉入浴暢快，離開鹽原之前走訪那須 GARDEN OUTLET 買個痛快。

🚃 (1) JR東京駅 → JR那須塩原駅（東北新幹線，約1小時10分鐘，¥6,020（指定席））
　　(2) JR宇都宮駅 → JR那須塩原駅（JR宇都宮線，約45分鐘，¥860）
　　(3) JR宇都宮駅 → JR那須塩原駅（東北新幹線，約13分鐘，¥1,740（自由席）／¥3,260（指定席））

🌐 那須鹽原市觀光情報：https://www.city.nasushiobara.lg.jp/kankosite/index.html
　　那須鹽原市觀光局：https://nasushiobara-kanko.jp/

鹽原溪谷 Free Ticket

（塩原渓谷フリーきっぷ）

JR關東巴士公司推出了「鹽原溪谷 Free Ticket」優惠乘車券，由那須塩原駅西口／西那須野駅西口出發，路線行經多個觀光景點，包括：千本松牧場、紅葉谷大吊橋、龍化瀑布、七岩吊橋、鹽原溫泉等。優惠券兩日內有效，可無限次乘搭千本松至鹽原溫泉之間的巴士，但要注意那須塩原駅／西那須野駅是只限乘坐去程及回程的巴士各一次。

💰 兩日乘車券收費：成人 ¥2,050，小童 ¥1,030

📍 購買方法：上車時向司機購買便可

🌐 JR關東巴士公司：http://jrbuskanto.co.jp/

NASU
SENBONMATSU FARM
SINCE 1893

1 千本松牧場

千本松於1893年已開始營運，是一個歷史悠久的牧場。在佔地約178個東京巨蛋的廣闊區域裡，精心飼養著大約500頭乳牛，每天生產8噸新鮮生乳，製作出各種美味的乳製品。牧場裡還有各種有趣味的設施和活動，如騎馬體驗、動物廣場、溫泉和季節限定的士多啤梨採摘放題等。在各式餐廳裡，可以品嚐牧場直產的食材所烹調的多種美食；在商店裡，可以購買煙肉、香腸等肉製品，牧場限定的手工芝士和最受歡迎的年輪蛋糕等。千本松牧場是免費入場，可隨著自己喜好選擇收費設施，又或只來散步、品嚐新鮮美食，總之是一個讓人快樂的好地方。

動物交流廣場可讓小朋友接觸多種動物。入場費：成人￥300，小學生￥100。

📍 栃木県那須塩原市千本松799
📞 +81-287-36-1025 ／ +81-120-36-1025
🕐 10:00-17:00
🅲 年中無休
💴 免費
🌐 http://www.senbonmatsu.com/
🚌 由JR「那須塩原」駅西口／JR「西那須野」駅西口乘搭前往「塩原溫泉」JR關東巴士，於「千本松」下車，車程約36／13分鐘，車費￥630／￥400。

騎馬體驗一周遊適合沒經驗的人士參加，所以
大受歡迎。1人收費 ¥1,000，2人收費 ¥1,500。

成吉思汗烤羊肉是具有50年歷史的人氣菜式，
所以露天餐飲區經常座無虛席，香氣撲鼻。

還有兒童遊樂場，是小朋友的歡樂天地。

千本松溫泉的和風庭園露天風呂，
環境清幽舒適。成人入湯費 ¥700，
小學生 ¥250。

使用牧場新鮮搾取的牛奶來特製的雪糕，
是排隊多久都要品嘗的美食。

商店內銷售牧場引以為傲的乳製品
及手信等多達 1,000 種以上。

2 紅葉谷大吊橋

（もみじ谷大吊橋）
~ 本州一の鋼絲繩吊橋

横 跨鹽原水庫的紅葉谷大吊橋，全長320米、寬1.5米，是本州最長的鋼絲繩吊橋，也是全國最著名觀賞紅葉的吊橋之一。置身於大吊橋能讓人彷彿在湖面上漫步，細賞山谷隨著季節變化的美景。春夏的綠意盎然固然十分美麗；到了紅葉時節，鮮艷的山景倒映在湖面上的絕景，更加壯麗迷人。

- 🏠 栃木県那須塩原市関谷1425-60
- 📞 +81-287-34-1037
- 🕐 8:30-18:00；11月至3月 8:30-16:00
- 🅲 年中無休
- 🎫 成人 ¥300，65歲以上長者及小 / 中學生 ¥200
- 🌐 http://www.takahara-shinrin.or.jp/mori-no-eki/
- 🚌 由JR「那須塩原」駅西口 / JR「西那須野」駅西口乘搭前往「塩原温泉」JR關東巴士，於「もみじ谷大吊橋」下車，車程約50 / 27分鐘，車費¥960 / ¥770。

來到展望廣場可悠閒地散步，走上展望台又可多角度欣賞四周風景。

在展望台附近可以近距離看到鹽原水壩。

象徵幸福的粉紅色郵筒很漂亮，建議您寫一張明信片，給至愛添加幸福和快樂。

漫步在大吊橋上，欣賞美好的湖光山色，多享受。

遊覽完畢，別忘到大吊橋入口旁邊的森林之駅吃點美食、挑選手信和明信片。

295

3 龍化瀑布
（竜化の滝）
~鹽原最美的瀑布

龍化瀑布是鹽原十大瀑布中最長的瀑布，也被譽為最美麗的瀑布。瀑布全長 130 米、落差 60 米、寬約 5 米，在陡峭的岩石之間分 3 段傾瀉落下的姿態，看起來猶如龍在攀登一樣而得名。前往龍化瀑布的遊步道整備完善，沿途盡是綠蔭叢林和溪流美妙之聲伴隨著，令人感覺步程輕鬆愉快。

📍 那須塩原市塩原字東山国有林
🌐 https://nasushiobara-kanko.jp/
📱 由 JR「那須塩原」駅西口 / JR「西那須野」駅西口乘搭前往「塩原温泉」JR 關東巴士，於「竜化の滝入口」下車，車程約 56 / 33 分鐘，車費 ¥1,070 / ¥880。

途中經過細小的風擧瀑布，多添一個拍照點。

龍化瀑布是鹽原的代表性瀑布，因此長年吸引許多遊客到此一遊。

從巴士下車後，需要步行 700 米、約 15 分鐘，沿途是能享受森林浴的遊步道。

4 七岩吊橋（七ツ岩吊橋）

架在箒川上的七岩吊橋，全長 87 米，因建在七岩附近而得名。據說為了協調周圍的景觀，橋身特以木色塗裝，呈現出自然舒適的感覺。吊橋旁邊就是免費的停車場，所以秋季時駕車來觀賞紅葉是特別受歡迎。停車場也設有免費的足湯，可以享受雙重樂趣。

📍 那須塩原市塩原字塩釜
🌐 https://nasushiobara-kanko.jp/
📱 由 JR「那須塩原」駅西口 / JR「西那須野」駅西口乘搭前往「塩原温泉」JR 關東巴士，於「七ツ岩吊橋」下車，車程約 60 / 37 分鐘，車費 ¥1,150 / ¥940。

5 鹽原溫泉鄉

開 湯已有 1,200 多年的鹽原溫泉，歷史相當悠久，因擁有 150 處以上的源泉，而且泉水的顏色、泉質、治療功效十分豐富，自古以來就被深受喜愛。溫泉街上有許多住宿設施林立，沿著箒川兩旁亦有不少溫泉旅館，可以一邊享受傳統的古湯，一邊細賞四季自然景色。鹽原溫泉周邊有許多瀑布、吊橋等景點，也是著名的賞楓熱點，絕對是風景秀麗的溫泉度假勝地。

- 📍 栃木県那須塩原市塩原温泉
- 📞 +81-287-32-4000（鹽原溫泉觀光協會）
- 🌐 http://www.siobara.or.jp/
- 🚉 由 JR「那須鹽原」駅西口 / JR「西那須野」駅西口乘搭前往「塩原溫泉」JR 關東巴士，於終點站「塩原溫泉バスターミナル」下車，車程約 68 / 45 分鐘，車費 ¥1,190 / ¥940。

6 鹽原物語館
（塩原もの語り館）

鹽 原物語館位於鹽原溫泉的中心點，是結集了 1,200 年鹽原溫泉歷史和文學的資料室、餐廳、商店、足湯及觀光情報的綜合設施。

- 📍 栃木県那須塩原市塩原 747
- 📞 +81-287-32-4000（鹽原溫泉觀光協會）
- ⏰ 8:30-17:00；Café 洋燈 10:30-16:30
- 🅲 年中無休
- 🈺 資料展示室：成人 ¥300，小童 /65 歲以上長者 ¥200
- 🌐 https://shiobara-monogatari.com/
- 🚌 鹽原溫泉巴士終點站徒步 2 分鐘。

鹽原溫泉曾是明治和大正時代許多文人造訪之地，資料展示室就可了解他們的文學作品背後與鹽原相遇的故事。

Café 洋燈的古風西式裝潢非常舒適，咖啡茶點味道很好，而窗外便是箒川的紅之吊橋，相信紅葉季節必定座無虛席。

附設在館外的免費足湯，24小時都可享用。

7 紅之吊橋

紅之吊橋位處就在鹽原物語館後的箒川之上，全長52.5米，寬1.5米，因河岸被楓葉染成一片深紅色而得名，是鹽原代表性的紅葉名勝。吊橋旁邊還有公共露天風呂「紅葉之湯」，也有整備妥善的鹽原溪谷遊步道，是受歡迎的賞景散策路線。

8 鹽原溫泉湯步之里

（塩原温泉湯っ步の里）
~ 日本最大級足湯 ♨

於 2006年8月開館的鹽原溫泉湯步之里，是為了紀念鹽原溫泉開湯1,200周年而開設的足湯設施。這裡擁有全長60米的「足湯迴廊」，是日本最大規模的足湯；還有「鏡池」營造出夢幻般的景觀，以及「飲泉堂」可以一嘗由源泉引來的泉水。花園內種植了梅花、山茶花、杜鵑花等四季開花的樹木，可以享受足湯之餘，還可以感受鹽原溫泉豐富的自然風光。

📍 栃木県那須塩原市塩原602-1
📞 +81-287-32-3101
🕐 9:00-18:00；12月至3月 9:00-17:00
🚫 星期四（公眾假期則順延至翌日）
💲 成人 ¥200，小／中學生 ¥100
🌐 https://yupponosato.com/
🚌 由JR「那須塩原」駅西口／JR「西那須野」駅西口乘搭前往「塩原温泉」JR關東巴士，於「塩原畑下」下車，車程約62／39分鐘，車費 ¥1,190／¥940。
（※ 由鹽原溫泉巴士終點站徒步約10分鐘。）

9 那須 GARDEN OUTLET

（那須ガーデンアウトレット）

有著夏威夷風格的那須 GARDEN OUTLET，目前大約有 150 間國內外品牌的時裝店，雜貨店，餐廳等，也可在這裡買到當地農民生產的新鮮蔬菜，以及那須地區的特產品。

📍 栃木県那須塩原市塩野崎 184-7
📞 +81-287-65-4999
🕐 10:00-19:00
🅒 只在每年 2 月休息一天（請瀏覽網站）
🌐 http://www.nasu-gardenoutlet.com/
🚃 由 JR「那須塩原」駅西口乘搭免費穿梭巴士，車程約 8 分鐘。

符 さん助您安排行程：

遊覽那須鹽原的景點，至少安排兩日一夜。除了 GARDEN OUTLET 之外，以上的景點都是乘搭 JR 關東巴士便可到達，所以謹記購買兩日有效的「鹽原溪谷 Free Ticket」優惠乘車券。

Nasukogen
那須高原

連接那須鹽原市的那須高原（那須町），擁有美好的自然風光，不僅吸引許多觀光客，更是日本皇族代代以來的度假勝地。雄偉地聳立在西北部的那須山脈主峰茶臼岳，是大人氣的登山勝地。在那須岳山麓展開的地區，除了有歷史悠久的那須溫泉鹿之湯外，還有牧場、遊樂園、美術館、動物園等觀光設施。

🌐 那須町觀光協會：https://www.nasukogen.org/

那須高原 Free Pass 券
（那須高原フリーパス券）

關東自動車巴士公司推出了「那須高原 Free Pass 券」，可在兩天內無限次乘搭那須、黑磯地區之間的路線巴士，前往那須塩原駅、黑磯駅、那須 Safari Park、那須湯本溫泉、那須纜車等等的觀光地。此外，憑券乘搭那須纜車，成人來回票價可獲 9 折優惠。

- 💰 兩日乘車券收費：成人 ¥2,600 小童 ¥1,300
- 🏠 購買地點：那須塩原駅案內所、那須塩原駅停車中的巴士內等等
- 🌐 關東自動車巴士公司：https://www.kantobus.co.jp/

1 那須纜車

（那須ロープウェイ）

從巴士下車後，面前就是標高 1,390 米的山麓駅。

那須纜車是遊覽那須高原時必去的觀光設施。連接山麓駅和山頂駅的空中旅程中，可將那須高原的全景收入眼底，景色絕妙。山頂駅就是著名登山勝地茶臼岳的九合目，是展開登山的路段，所以人來人往，好不熱鬧。

- 📍 栃木県那須郡那須町大字湯本字那須岳 215
- 📞 +81-287-76-2449
- 🕐 8:30-16:30
- 🚫 冬季 (12 月中旬至 3 月中旬)
- 💲 來回：成人（中學生以上）¥1,800，小童（3歲至小學生）¥900
- 🌐 https://www.nasu-ropeway.jp/
- 🚌 由 JR「那須塩原」駅西口乘搭前往「那須湯本温泉・那須ロープウェイ」（關東自動車）巴士，於終點站下車，車程約 77 分鐘，車費 ¥1,430。

📍 茶臼岳
～絕景登頂遊

標高 1,915 米的茶臼岳，是那須山脈的主峰，約在三萬年前已就開始了火山活動，現在仍然活躍地噴出白煙。茶臼岳是栃木縣內唯一的活火山，是那須地區具代表性的山岳，也是縣內數一數二的登山勝地。乘坐纜車到達茶臼岳九合目，只須 50 分鐘就可登上山頂，欣賞磐梯山，日光連山、關東平野、筑波山等壯闊的連山絕景。

只須 4 分鐘的纜車旅程，就來到了標高 1,684 米的山頂駅。

從山頂駅展望台俯瞰那須高原的景色，實在非常壯觀。

山頂駅就是茶臼岳九合目，遠看登山路感覺難度不高，非常開心，決定登頂！

前路實在崎嶇，只好稍作休息，欣賞腳下風光。

不過似乎開心得太早，不久後就來到沙石鬆滑的登山路。

經驗告訴我，看到鳥居就快到達山頂了！

303

屹立於山頂的
那須岳神社，守護著
登山客的安全。

努力登上茶臼岳山頂，
觀賞360度震撼人心的絕景，
是難忘的記憶。

符さん有感：

茶 臼岳是突然加插的行程，當時既沒
穿登山鞋，也沒有行山杖，山路又
斜又滑，曾經想過放棄登頂。不過實在太
愛散策和登山，所以路縱崎嶇，亦不怕受
磨練，付出比平時多一點氣力，繼續向上
爬，終於享受到無比的快樂。回程下山時，
遇上兩位導師帶領著二、三十位小朋友登
山，經過訪問之下，原來是平均只有6歲
的小學生旅行，看他們跌跌爬爬地前進，
真的了不起。未幾，又再遇上了一位婆婆
登山，我向婆婆送上支持和祝福，她告訴
我她已經86歲了，真令人佩服。幸好我
沒有放棄登頂，不然，我會慚愧十年。

真 心提醒大家，雖然上落只是1個半小
時的路程，不過沙石路的確很鬆滑，
最好攜帶行山杖。下山時我真的滑倒過，
慶幸我擁有一個厚厚的臀部。

那須溫泉鄉

那須溫泉鄉是散布在茶臼岳山腹的溫泉群的總稱，以那須溫泉（鹿之湯）、三斗小屋溫泉、大丸溫泉、北溫泉、弁天溫泉、高雄溫泉、八幡溫泉及新那須溫泉，合稱為那須八湯。

那須溫泉旅館協同組合：http://www.nasuonsen.com/

2 那須溫泉元湯

鹿之湯

那須八湯之中，以「那須溫泉元湯，鹿之湯」的歷史最悠久。據說距今約 1,390 年前，一位獵人在追捕射傷的鹿隻時，發現牠被溫泉水治癒了傷口，因此這個源泉就被命名為「鹿之湯」。自古以來，鹿之湯就作為那須溫泉鄉的代表而廣受歡迎，雖然該建築曾於 1945 年進行了翻新，但仍繼承了原有的古老木造外觀，還飄散著濃濃的硫磺氣味，讓人感受到昔日的原始風光。

這是在鹿之湯後方的湯本溫泉源。

📍 栃木県那須郡那須町湯本 181
📞 +81-287-76-3098
🕐 8:00-18:00
🔄 年中無休
💰 成人（中學生以上）¥500，小學生 ¥300，幼兒免費
🌐 https://www.nasu-ropeway.jp/
📖 (1) 由 JR「那須塩原」駅西口乘搭前往「那須湯本溫泉・那須ロープウェイ」（關東自動車）巴士，於「那須湯本溫泉」下車後徒步 2 分鐘，車程約 50 分鐘，車費 ¥1,020。
(2) 由「那須ロープウェイ」乘搭前往「那須塩原駅」（關東自動車）巴士，於「那須湯本溫泉」下車，車程約 27 分鐘，車費 ¥860。

附近一帶就是元湯民宿街。

3 那須溫泉神社

據說那須溫泉神社正是鹿之湯的緣起，為表示對發現溫泉的感謝，當年就創建了這座神社，它還被盛傳是很靈驗的開運勝地。

📍 栃木縣那須郡那須町湯本 182
📞 +81-287-76-2306
🕐 24 小時
🌐 http://nasu-yuzen.jp/
🚌「那須湯本溫泉」巴士站徒步 1 分鐘。

在神社的大鳥居前，有一個很受歡迎的足湯。

4 殺生石

相傳 800 年前，九尾妖狐化身為美女在朝廷作惡，被陰陽師識破身份後也敗於他的法力，九尾妖狐最終化身為殺生石。殺生石園地周邊岩石散落，充滿硫磺氣味，景象一片荒涼，瀰漫著神秘的氣息，是栃木縣的指定史蹟。由於鄰近那須湯本溫泉，所以遊客都會順道來此遊覽，感受這家喻戶曉的民間故事。

於 2022 年 3 月 5 日，殺生石被發現一分為二，被人聯想到九尾妖狐的封印已破，是否不祥之兆？但根據那須町有關人士表示，幾年前殺生石已呈裂縫，所以很可能是自然裂開的。

📍 栃木縣那須郡那須町湯本 182
🕐 24 小時
🌐 https://www.nasukogen.org/
🚌 「那須湯本溫泉」巴士站徒步 3 分鐘。

殺生石園地內還可看到千體地藏尊。

這裡也是採集湯之花的遺址。

符さん助您安排行程：

遊覽那須高原適合安排一天時間。早上乘那須纜車往茶臼岳，中午到那須湯本溫泉午膳後，下午可展開一小時的散策，遊覽溫泉神社和殺生石，也可享受 1,400 年歷史的鹿之湯，傍晚經黑磯駅或那須塩原駅離開。如喜歡到遊樂園、動物園或美術館等觀光設施，那就應該入住溫泉旅館，多玩一天。

茨城縣

Ibaraki

位於關東地區東北部的茨城縣，縣內豐富的自然資源景觀為數不少。然而，自從 2009 年開始，「全國都道府縣魅力排行榜」調查報告出現後，茨城縣在這十幾年間，有八成的年度都是排行最低的 47 位，經常成為「墊底王」。正所謂「沒對比就沒傷害」，但魅力程度最低並不代表沒有任何可觀的名勝。

偕樂園是日本三大名園之一，每年早春 3,000 棵梅花爭相綻放，堪稱一絕；袋田瀑布也有日本三大瀑布之美名，是四季都有絕妙景觀的「四度瀑布」；國營常陸海濱公園擁有四季燦爛奪目的花田，其絕景聲名遠播；神磯の鳥居是觀賞日出的知名勝地，長年吸引著攝影愛好者朝聖；牛久大佛是世界最大的青銅製站立佛像，已被登錄健力士世界紀錄；筑波山自古以來便與富士山的美景並列，有「西の富士，東の筑波」之稱。

由東京出發到牛久、筑波、水戶等地只須 1 小時多，所以絕對可以安排即日往返的行程。如果經常在東京瘋狂購物影響身心健康，不妨考慮到「墊底縣」一趟欣賞它的好。我認為，在茨城縣也可以有愜意之旅。

⊕ 茨城縣公式觀光：https://www.ibarakiguide.jp/
茨城交通巴士公司：http://www.ibako.co.jp/
關東鐵道（巴士）：https://www.kantetsu.co.jp/bus/

水戶

於茨城縣中部的水戶市，作為縣首府是縣內的經濟、藝術文化、交通等重點城市。水戶的偕樂園是日本三大名園之一，是茨城縣自豪的代表名勝；而鄰近的千波湖及千波公園，亦擁有豐富的自然風光。水戶驛及周邊有不少大型商場，是茨城縣最佳的購物中心。水戶看似觀光景點不多，但其實以水戶作為據點前往大洗、日立、國營常陸海濱公園、袋田瀑布等著名觀光地是非常合適。

🚆 JR東京駅 → JR水戶駅（JR常磐線特急ときわ号・ひたち15号，約1小時20分鐘，¥3,890(指定席)）

🌐 水戶市觀光情報：https://mitokoumon.com/

1 偕樂園

~日本三大名園

偕樂園是由水戶藩第 9 代藩主德川齊昭下令於 1842 年開園。本著與民偕樂而盡其樂的精神，偕樂園不僅對藩主和藩士開放，同時也對庶民開放，所以庭園因此得名。園內種植了約 100 品種合共 3,000 棵梅花樹，每年早春梅花盛開時節舉行的梅花祭，都吸引眾多觀光客造訪，是著名的賞梅名所。由於廣植梅花，因此園內的「好文亭」就是由梅花的日文別稱「好文」而得名。除梅花外，還有竹林、杉樹、櫻花、杜鵑花及胡枝子等樹木，一年四季都賞心悅目。偕樂園堪稱為日本三大名園之一，也於 2015 年被認定為日本遺產，是茨城縣的代表名勝。

※ 日本三大名園：茨城縣水戶市的偕樂園、石川縣金沢市的兼六園及岡山縣岡山市的後樂園。

位處偕樂園表門附近的孟宗竹林，據說是齊昭公當初將京都的竹樹移植於此，作為弓箭的材料。

每年 2 月中旬至 3 月下旬梅花祭之時，賞梅者蜂擁而至，梅林相當熱鬧。

這個突出的平台稱為仙奕台，在此可將千波湖及周邊景色盡收眼底。

好文亭是木造的雙層三樓式建築，昔日齊昭公經常與文人墨客、家臣及百姓在此一同賦詩作樂。從好文亭的樂壽樓遠眺的千波湖景致，更是絕美的風光。

📍 茨城県水戶市常磐町 1 丁目 3－3
📞 +81-29-244-5454
🕐 2 月中旬至 9 月 6:00-19:00（好文亭 9:00-17:00）；10 月至 2 月中旬 7:00-18:00（好文亭 9:00-16:30）
🅒 年中無休（好文亭：12 月 29 日至 31 日）
💲 成人 ￥300，小 / 中學生 ￥150（好文亭：成人 ￥200，小 / 中學生 ￥100）
🌐 https://ibaraki-kairakuen.jp/
🚌 由 JR「水戶」駅北口 4 號巴士站乘搭前往「偕樂園」（茨城交通）巴士，於「好文亭表門、偕樂園東門、偕樂園前」下車後徒步 3 分鐘，車程約 20 分鐘，車費 ￥240。
※ 於「歷史館・偕樂園入口」下車徒步約 6 分鐘，便到達偕樂園表門入口。

偕樂園的表門入口。

偕樂園的東門入口。

2 千波湖‧千波公園

📍 茨城縣水戶市千波町

📞 +81-29-232-9214（水戶市公園綠地課千波湖管理室）

🕐 24小時免費遊覽

🌐 https://www.city.mito.lg.jp/

🚉 (1) 由 JR「水戶」駅南口徒步15分鐘。
(2) 由 JR「水戶」駅北口6號巴士站乘搭「千波経由」（關東鉄道）巴士，於「千波湖」下車，車程約10分鐘，車費¥240。

千波湖是位於偕樂園下的淡水湖，周長3公里，其周邊地區自然資源豐富，繞湖而行是環境舒適的散步路線，傍晚時分在湖上漂浮的噴泉點亮，更是夢幻。面向湖面的千波公園，擁有一大片花田美景，作為水戶市的休憩綠洲而廣受歡迎。春天時吉野櫻等約750棵櫻花沿著湖畔的庭園道路延伸，形成了一條櫻花隧道，非常壯觀。

3 弘道館 ~特別史跡・日本遺產

由水戶藩主德川齊昭於 1841 年開創的弘道館，是日本最大規模的藩校。學問和武術
方面同樣重視的弘道館內，設有文館和
武館，可以學習儒教、歷史、醫學、天文、
數學、音樂、劍術、槍術、兵學及馬術等，
猶如現代綜合大學般的多樣化學習設施。避
過了多少次戰火摧殘的正門、正廳乃至善堂，
於 1964 年被指定為國家重要文化財產，也於
2015 年被認定為日本遺產。

- 📍 茨城県水戶市三の丸 1 丁目 6－29
- 📞 +81-29-231-4725（弘道館事務所）
- 🕙 9:00-17:00；10 月至 2 月 19 日 9:00-16:30
- 🅒 12 月 29 日至 31 日
- 💰 成人 ¥400、小／中學生 ¥200
- 🌐 https://www.ibarakiguide.jp/kodokan.html
- 🚃 JR「水戶」駅北口徒步 8 分鐘。

4 水戶城跡

於 2020 年復原的大手門，保留了江戶時代初期
的建築風格，是日本國內規模最大的城門。

二之丸展示館可免費
參觀，館內展示著一
些重要的考古資料。

水戶城是水戶藩主德川家的居所，共分
為下之丸、本丸、二之丸及三之丸四
個區域。水戶城沒有天守和石垣，僅在二之
丸建有御殿和三階櫓，但都在二戰中被燒
毀。現今城址上已建造了多所學校，保留下
來的建築只有本丸的「藥醫門」和三之丸的
「弘道館」。水戶市近年推行歷史景觀修復
計劃，所以大手門及二之丸角櫓分別於 2020
年及 2021 年得以復原。因大手門就在弘道館
的對面，可以順道散步，感受歷史的氣息。

符さん助您安排行程：

偕樂園和千波湖是相連的景點，徒
步便可前往。如能安排梅花盛開
之時遊覽偕樂園，就會明白日本三大名
園之美譽絕非浪得虛名。由於從水戶前
往縣內其他觀光地都很便捷，所以非常
適合作為住宿據點。

ひたちなか市

📍 國營常陸海濱公園
（国営ひたち海浜公園）

位 於常陸那珂市太平洋沿岸的國營常陸海濱公園，已開園30周年。在佔地約200公頃的公園內，種植了四季不同的花種，全年都能觀賞到色彩繽紛的花田。公園劃分為多個區域，每處都有不同看點和樂趣。走上臨近太平洋海岸的見晴之丘，春天的粉蝶花和秋天的掃帚草如畫一般的震撼花海，絕景聞名國內國外。還有大草原花園、玫瑰花園和水仙花園等，燦爛奪目的花田散落各處。除了四季花卉之外，園內另設有遊樂園、BMX單車、冒險廣場及燒烤廣場等設施，也會定期舉辦不同主題的活動，是享受親子樂的好去處。

由 於公園佔地廣闊，可考慮租用單車代步，又或乘坐遊園車穿梭不同區域，欣賞這美好的大自然景致。

~ 絕美賞花勝地

在見晴之丘上，種植了約32,000棵掃帚草，是公園最受歡迎的景點。造訪時為9月下旬，掃帚草漸漸由綠變紅的景象，很特別。

📍 茨城県ひたちなか市馬渡大沼605－4
📞 +81-29-265-9001
🕐 9:30-17:00；7月下旬至8月 9:30-18:00；11月至2月 9:30-16:30
🚫 星期二（公眾假期則順延至翌日）、12月31日至1月1日及2月第一個星期一至星期五
💰 成人 ¥450、65歲以上長者 ¥210、初中生以下免費
🌐 https://hitachikaihin.jp/
🚌 由JR「勝田」駅東口2號巴士站乘搭前往「海浜公園」（茨城交通）巴士，於「海浜公園西口」下車，車程約16分鐘，車費 ¥400。
※ 由「水戶」駅乘搭「JR常磐線」到「勝田」駅，車程5分鐘，車費 ¥190。

色彩繽紛的秋櫻，極致漂亮。

見晴之丘臨近太平洋，景色怡人，吸引許多情侶夫妻
悠閒地坐在公園，談心說笑猶如初戀。

散步在大草原花田之中，
感受到被艷麗花朵包圍的幸福。

在見晴之里有幾座超過300年
歷史的舊土肥家住宅，是東日
本最古老的民家，被指定為茨
城縣有形文化財產。

遊樂園設有大型摩天輪、海盜船、
旋轉木馬和過山車等機動遊戲設施。

園內眾多餐廳之中，最愛是這間可以欣賞太平
洋海景的 Glass House Sea Side Cafe。

蕎麥花田和古民家
構成一幅美麗的風
景畫。

遊園車行駛園內10個上落點，
繞園一圈約40分鐘，一日乘
車票（3歲以上）收費 ¥600。

芳香之谷也
種植了很多
薰衣草。

♥ SEA BiRDS CAFE

~ 絕景天空 Café

日立駅可能會令人聯想起知名的電器品牌，其實這裡亦有一間人氣爆燈的絕景天空 Cafe。

現在的日立駅於 2011 年落成，是由日立市出身的世界級知名建築師妹島和世所設計。這座面向太平洋的車站，採用全玻璃帷幕的新穎設計而備受讚賞，被譽為世界上最美麗的車站建築之一，更在 2014 年獲得國際鐵路設計大賽的建築獎項。

與車站相連的 SEA BiRDS CAFE，猶如懸浮在太平洋上的天空中，不但可飽覽一望無際的海洋絕景，還能品嘗甜點美食，盡享悠閒美好的時光。除了 Café 的招牌甜點 Seabirds Original Pancake 和 Honey Caramel Pancake 之外，各式沙律、意粉等菜式的水準也獲好評。

📍 茨城縣日立市旭町 1-3-20
📞 +81-294-26-0187
🕐 7:00-22:00
🅲 年中無休
🌐 http://seabirdscafe.com/
🚃 JR「日立」駅（東口）徒步 1 分鐘。
※ 由「水戶」駅乘搭「JR 常磐線」到「日立」駅，車程約 30 分鐘，車費 ¥590。

316

正門入口

SEA BIRDS CAFÉ 正門入口。

一邊觀賞太平洋的絕景,一邊品嘗美食,
是忘憂的時光。

符 さん助您安排行程:

水 戸駅、勝田駅和日立駅同是JR
常磐線的沿線車站,建議安排海
濱公園和SEA BIRDS CAFÉ同日前往。

Café 熱賣的 Honey Caramel Pancake(¥980)。

因為疫下造訪,所以人流較少。但這店極具人
氣,正常時候或許需要等位,而門外的空間是
拍照打卡的熱點,是絕佳的等候區。

Oarai
大洗

大洗町位於茨城縣中部太平洋沿岸，以往較少遊客到訪，但自從動漫《少女與戰車》以大洗作為故事的場景後，便吸引許多人關注這地方。大洗鄰接水戶市，往來交通既便捷，交通費又便宜，作為半天遊非常合適。

🚃 水戶駅 → 大洗駅（鹿島臨海鐵道大洗鹿島線，約15分鐘，¥330）
🌐 大洗觀光協會：https://www.oarai-info.jp/
　　鹿島臨海鐵道：https://www.rintetsu.co.jp/

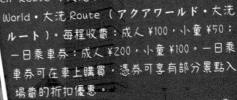

大洗町循環巴士海遊號

大洗町循環巴士海遊號有多條行駛路線，但行經旅遊景點的主要是大洗 Sun Beach Route（大洗サンビーチルート）及 Aqua World・大洗 Route（アクアワールド・大洗ルート）。每程收費：成人 ¥100、小童 ¥50；一日乘車券：成人 ¥200、小童 ¥100。一日乘車券可在車上購買，憑券可享有部分景點入場費的折扣優惠。

※最新巴士時間表，可瀏覽大洗觀光協會網站。

1 大洗 Marine Tower

（大洗マリンタワー）

大洗 Marine Tower 距離大洗駅只有十多分鐘步程。三樓的展望台約 60 米高，可以 360 度欣賞大洗町的全景和壯闊的太平洋，晴朗時還可以看到富士山、日光和那須連山的景色。大樓內還包括一樓的土產店和觀光情報站，以及二樓觀景絕佳的 Cafe。一樓和二樓可自由進出，三樓展望台則需要購票入場。

📍 東茨城郡大洗町港中央 10 番地
📞 +81-29-266-3366
🕐 9:00-21:00；9 月至 2 月 9:00-18:00
🅲 12 月 28 日至 12 月 30 日
💰 成人 ¥340，小／中學生 ¥170
🌐 http://www.oarai-mt.jp/
📖 (1) 由「大洗」駅徒步約 12 分鐘。
　　(2) 由「大洗」駅前乘搭「大洗町循環巴士海遊号（大洗サンビーチルート）」，於「大洗 Marine Tower（大洗マリンタワー）」下車，車程約 5 分鐘。

2 MENTAI PARK 大洗

（めんたいパーク大洗）

明太子老字號店舖 KANEFUKU（かねふく）在愛知縣、靜岡縣和神戶等地，開設了多間明太子主題公園。當中位於茨城縣大洗町的這座設施，在 2009 年開園，是全國最早落成的明太公園。

明太公園是免費的設施，園內分為三個部分。在工場內，可以參觀明太子的加工過程，也備有小朋友喜愛的互動遊戲區；在直銷店，可以選購新鮮生產的各種明太子食品和紀念品；還有美食廣場，供應以明太子製作的雪糕、飯團等。由於鄰近 Marine Tower 和大洗磯前神社等名勝景點，所以長年吸引眾多來自關東地區的旅客。

📍 茨城県東茨城郡大洗町磯浜町 8255-3
📞 +81-29-219-4101
🕐 9:00-17:00；星期六、日及假期 9:00-18:00
🅲 年中無休
💰 入場免費
🌐 https://mentai-park.com/ooarai/
📖 由「大洗」駅徒步約 20 分鐘；由大洗 Marine Tower 徒步約 8 分鐘。

工場內有100人正在努力工作，由清洗、醃製、調味、包裝等工序都很認真。

逛戲區既有娛樂性，也可了解魚類生態長知識。

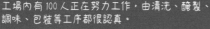

美食廣場的明太飯糰和明太雪糕，是訪客的至愛。

直銷區的商品種類繁多，如明太燒賣、明太魷魚、明太雞翼等等，看見已經想吃。

3 大洗磯前神社

據說神社創建於856年，御祭神為大己貴命和少彥名命。相傳兩位靈神降臨在大洗町面向太平洋海岸的礁石上，被認為是來拯救百姓脫離困境，是家庭平安、海上交通的守護神，從古至今備受信奉。神社在戰國時代一度被大火燒毀，及後由水戶藩第二代藩主德川光圀於1690年下令重建。現在的本殿、拜殿和隨神門是在1730年第三代藩主綱條當主期間才竣工，是江戶初期少數具有雕刻建築風格的神社，被指定為茨城縣的文化財產。

由明太公園徒步來神社途中，會經過一の鳥居。在江戶時代，這裡屬神社的境域，鳥居原是木製，現存的鳥居是在1963年由混凝土建造而成。

📍 茨城縣東茨城郡大洗町磯浜町 6890
📞 +81-29-267-2637
🕐 5:30-18:00；10 月至 3 月 6:00-17:00
🅒 年中無休
💲 免費參拜
🌐 https://www.oarai-isosakijinja.net/
🚌 (1) 由「大洗」駅前乘搭「大洗町循環巴士
　　　海遊号（アクアワールド‧大洗ルー
　　　ト）」，於「大洗磯前神社下」下車，車
　　　程約 16 分鐘。
　　(2) 由「水戸」駅北口 3 號巴士站乘搭前往
　　　「那珂湊駅（大洗経由）」（茨城交通）
　　　巴士，於「大洗神社前」下車，車程約
　　　33 分鐘，車費 ¥660。
　　(3) 由 MENTAI PARK 大洗徒步約 12 分鐘。

走上石階來到這座隨神門，仔細地觀察可以看
到門上有不少兔子等動物的精美雕刻。

如乘坐巴士前來，下車後隨即見到這個大鳥居
和長長的石階。

這座拜殿也有十四個鳥類和植物的雕刻，而正
面兩根耀眼的紅柱，也甚具特色。

📍 神磯の鳥居

神社正面的海岸，便是神磯の鳥居的所在地。
神社供奉的兩位神靈降臨的礁石被稱為神
磯，被指定為神聖之地，不可進入。在礁石
上建造的神磯の鳥居，成為神社、甚至是大
洗町的象徵，是大洗最著名的拍照勝地，日
出時的絕景最迷人，四季都吸引許多攝影愛
好者來捕捉這壯觀的日出景色。

Kashima 鹿嶋

鹿島神宮

位於鹿嶋市的鹿島神宮，是茨城縣最大、歷史最悠久的神社。鹿島神宮建於 660 年，供奉武藝之神——武甕槌大神，昔日有眾多武士信奉，現今亦吸引不少運動員前來祈求勝利。神宮的樓門是日本三大樓門之一；寶物殿內亦收藏了國寶直刀和 300 多件文化財產的展品。從本殿開始踏入奧參道，漫步於茂密杉樹林中，再參觀鹿園、奧宮和御手洗池之後，可到茶屋品嘗鄉土茶點，享受寧靜的空間。

這座雄偉的樓門建於 1634 年，高約 13 米，是日本三大樓門之一，被指定為重要文化財產。
※ 日本三大樓門：茨城縣的鹿島神宮、熊本縣的阿蘇神社及福岡縣的筥崎宮。

拜殿、幣殿、石の間和本殿四座社殿，是德川二代將軍秀忠公於 1619 年所捐贈，被指定為重要文化財產。

- 茨城県鹿嶋市宮中 2306－1
- +81-299-82-1209
- 8:30-16:30
- 年中無休
- 免費參拜
- http://www.kashimajingu.jp/
- JR鹿島線「鹿島神宮」駅徒步10分
  ※ 由「水戶」駅乘搭「鹿島臨海鉄道線・JR鹿島線」，於「鹿島神宮」駅下車，車程約1小時15分，車費 ¥1,590。（由大洗駅出發約1小時，車費 ¥1,300。）

神宮原有的花崗岩鳥居在 2011 年 3 月 11 日的大地震中倒塌，現在的鳥居是使用境內的巨杉樹重建，於 2014 年 6 月落成。

前往奧宮必經的奧參道，被茂密的巨樹所覆蓋，氛圍莊嚴。

據說御手洗池每天有超過 40 萬公升的水湧出，池塘清澈見底。

神宮內鹿園的鹿群被認為是神明的使者，所以被稱為「神鹿」。

在御手洗池旁邊的一休茶屋，供應多種鄉土美食，是很好的歇息地點。

這座奧宮是由德川家康於 1605 年捐贈的本殿，但在十四年後新本殿落成就被遷到這裡成為奧宮。（造訪時正值奧宮進行修葺工程。）

符さん助您安排行程：

如想節省候車時間，不妨考慮徒步遊覽 Marine Tower、明太公園及大洗磯前神社，遊覽時間全程約 3 小時。若能早點起程，可安排同日遊覽大洗和鹿島神宮。鹿島神宮的位置也接近千葉縣，如果在千葉縣旅行而又會到佐原水鄉遊覽，可安排同日前往鹿島神宮。由佐原駅乘搭 JR 鹿島線到鹿島神宮駅，車程約 20 分鐘，車費 ¥330。

大子町

📍 袋田瀑布
〜 日本三大瀑布

袋田瀑布位於大子町久慈川的支流瀧川，高 120 米、寬 73 米，是日本三大瀑布之一，於 2015 年被指定為國家名勝。由於袋田瀑布的水流分四段從巨大的岩壁傾瀉而下，因此也被稱為「四度瀑布」。這個命名還有一個說法，相傳於 800 年前西行法師曾讚嘆：「若非四季都來觀賞這瀑布，是不能領略其真正的樂趣」。春天綠意盎然、夏天清爽怡人、秋天紅葉絢麗、冬天瀑布冰封，四季都能呈現不同的美態就是袋田瀑布迷人之處。要欣賞袋田瀑布的美景，必須購買入場券，通過隧道前往吊橋及兩個不同位處的觀瀑台，便可真正領略其魅力所在。

※ 日本三大瀑布：茨城縣的袋田瀑布、栃木縣的華嚴瀑布及和歌山縣的那智瀑布。

袋田瀑布隧道入口。

觀賞瀑布，必須在此購買「袋田瀑布隧道入場券」。

第一個看點是充滿戀愛能量的「戀人之聖地」雕像。

📍 茨城縣久慈郡大子町袋田
📞 +81-295-72-4036（袋田觀瀑設施管理事務所）
🕐 8:00-18:00；11月 8:00-17:00；12月至4月 9:00-17:00
🅲 年中無休
💵 成人（15 歲以上）¥300，小童 ¥150
🌐 https://www.daigo-kanko.jp/
🚌 由「袋田」駅乘搭前往「滝本（袋田の滝線）」（茨城交通）巴士，於終點站下車後徒步 10 分鐘，車程約 7 分鐘，車費 ¥210。
※ 由「水戶」駅乘搭「JR水郡線」到「袋田」駅，車程約1小時10分鐘，車費 ¥990。

隨後會來到這一座能從側面
觀賞瀑布的吊橋。

乘塔升降機可來到第二觀瀑台，這裡是
可以俯瞰整個瀑布的絕佳位置。

越過吊橋會來到瀧見茶屋，可選擇
喝杯茶、吃菓子，稍作休息。

第一觀瀑台是最接近
瀑布潭的位置，能觀
賞美如白絲的水流在
眼前墜落的景象。

袋田瀑布分四段落下，果真名不虛傳，
絕景也！

符さん有感：

走訪過全國多處瀑布名勝，還是最
愛袋田瀑布。一來是愛它分四段
落下的美態，在不同角度下觀感多變；
二來是愛它周邊寧靜舒適的環境，作為
三大名瀑但又不太擠擁，人流的確比華
嚴瀑布和那智瀑布少許多，像隱世的神
秘美景。我已來過這裡三次，但仍然
想在秋季來看紅楓裝點下的袋田瀑布，
不知我的「四度瀑布」何時能夠實現！

欣賞完日本三大瀑布，可
到附近一帶品嘗著名的手
打蕎麥麵。但我最喜愛這
間依田屋，不但有多種串物美食任我選擇，還可選
購土產手信，而且老闆、店員非常友善，值得支持。

325

Ushiku
牛久

位於茨城縣南部的牛久市，雖然向來都不是旅遊勝地，但牛久比茨城縣首府的水戶市更接近東京地區，交通便捷，所以花一天時間遊覽鮮為人知的牛久特色景點，也是不錯的選擇。

🚇 (1) JR 東京駅 → JR 牛久駅（JR 常磐線，約 1 小時，¥990）
　　(2) JR 水戶駅 → JR 牛久駅（JR 常磐線，約 1 小時 10 分鐘，¥1,170）

🌐 牛久市觀光協會：https://www.ushikukankou.com/

正門入口的明治洋風建築非常奪目，這是當年的事務室，現是不作公開參觀的本館。

1 牛久城堡（牛久シャトー）

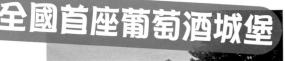

～全國首座葡萄酒城堡

山梨縣甲州市是日本釀造葡萄酒的先驅；而茨城縣牛久市則擁有全國第一座酒堡，是一體化大規模生產葡萄酒之聖地。甲州市和牛久市兩地 140 年國產葡萄釀酒的日本文化結晶，於 2020 年 6 月被認定為日本遺產，可見其價值得到廣泛認可。

位於茨城縣牛久市的牛久城堡，佔地約 6 萬平方米，是由商人神谷傳兵衛於 1903 年開設的日本第一家正規葡萄酒釀造場。牛久城堡以法國釀酒廠的模式，採用波爾多地區的技術，從種植葡萄、釀造和裝瓶全面化地生產葡萄酒。牛久城堡目前利用當時的建築物作為紀念館對外免費開放，介紹葡萄酒的歷史，以及展示明治和大正時代從法國直接進口的釀造機等，參觀者絡繹不絕。城堡內的「事務室」、「發酵室」及「貯藏庫」三座歷史悠久的建築，已於 2008 年 6 月被指定為國家重要文化財產。

春天的櫻花、夏天的新綠和秋天的紅葉，裝點紅磚外觀的牛久城堡，格外美麗。

發酵室現作為「神谷傳兵衛紀念館」，介紹始創人神谷傳兵衛的釀酒歷程和展示當年釀酒的資料、用具等，非常值得一看。

- 📍 茨城縣牛久市中央 3 丁目 20-1
- 📞 +81-29-873-3151
- 🕙 10:00-16:00；餐廳 11:30-15:00/17:30-21:30
  商店 10:00-18:00
- 🅒 年中無休（餐廳及商店逢星期一休息）
- 💲 免費參觀
- 🌐 https://www.oenon.jp/ushiku-chateau/
- 🚃 JR「牛久」駅（東口）徒步約 8 分鐘

當年的貯藏庫現改裝成餐廳，在 100 多年歷史的建築內享受法式佳餚和美酒，的確別有風味。

商店內銷售牛久城堡的美酒和原創商品外，也有不少茨城縣的各式紀念品和特產。

2 牛久大佛

~ 世界一青銅製站立佛像

建於 1989 年的牛久大佛，全名為牛久阿彌陀大佛，屬淨土真宗東本願寺派。牛久大佛的高度為 120 米，是世界最大的青銅製站立佛像。大佛的內部可以進入參觀，是非常受歡迎的能量點。乘搭電梯到 85 米高的胸前位置，可從觀景窗俯瞰四周的風光，晴天時還能遠眺東京晴空塔和富士山。大佛腳下展開約一萬平方米的花田中，種植了四季開花的草木，景致優美，最特別是可以享受採花的樂趣。在大佛背後的小角落，還設有小型動物園，可讓小朋友接觸可愛的小動物；而猴子雜技的表演，亦充滿歡樂氣氛，老少咸宜。

參觀大佛內的展示室，可以詳盡了解建造大佛的資料。

位於大佛的二樓名為「知恩報德的世界」，擁有 77 個寧靜的抄經席。

花田襯托下的大佛，又是另一番觀感。每年 5 月及 10 月，部分盛開的花朵可以採摘，很受歡迎。

距離地面 85 米高的大佛胸前展望台，可以觀賞四周的風景。

📍 茨城県牛久市久野町 2083

📞 +81-29-889-2931

🕐 9:30-17:00（星期六、日及假期至 17:30）；10 月至 2 月 9:30-16:30

🅲 年中無休

💲 庭園：成人 ¥500，4 歲至小學生 ¥300
庭園及大佛套票：成人 ¥800，4 歲至小學生 ¥400

🌐 https://daibutu.net/

🚌 由 JR「牛久」駅東口 2 號巴士站乘搭前往「牛久大仏・牛久淨苑」或「Ami Premium Outlets（あみプレミアムアウトレット）」（關東鉄道）巴士，於「牛久大仏」下車，車程約 25 分鐘，車費（平日）¥700／（星期六、日及假期直通車）¥530。

大佛旁邊的淨土庭園，展現出鎌倉時代
傳統的造園風格。

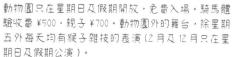

動物園只在星期日及假期開放，免費入場。騎馬體
驗收費 ¥500，親子 ¥700。動物園外的舞台，除星期
五外每天均有猴子雜技的表演（2 月及 12 月只在星
期日及假期公演）。

在售票處入口前的仲見
世通，有各式紀念品、
物產店林立，也有以蕎
麥麵和大佛招福饅頭受
注目的「利根」食店。

Ami 阿見

Ami Premium Outlets
（あみプレミアムアウトレット）

位於阿見町的 Ami Premium Outlets，以美國西海岸地區風格而建，匯集了約 160 間日本國內外人氣品牌的店舖及各式美食餐廳。由於鄰近牛久大佛，最適合遊覽大佛後順道來這裡，漫步在鬱鬱蔥蔥的綠色環境中，盡情享受購物的樂趣。

📍 茨城県稲敷郡阿見町よしわら 4 丁目 1-1
📞 +81-29-829-5770
🕙 10:00-20:00；餐廳 11:00-21:00
📅 每年 2 月第三個星期四
🌐 https://www.premiumoutlets.co.jp/ami/
🚌 (1) 由 JR「荒川沖」駅東口 1 號巴士站乘搭前往「Ami Premium Outlets（あみプレミアムアウトレット）」（関東鉄道）直通巴士，車程約 22 分鐘，車費 ¥560。
(2) 由 JR「牛久」駅東口 2 號巴士站乘搭前往「Ami Premium Outlets（あみプレミアムアウトレット）」（関東鉄道）巴士，車程約 28 分鐘，車費 ¥590。（由「牛久大仏」上車則需時 7 分鐘，車費 ¥170）（※只在星期六、日及假期行駛）

符さん助您安排行程：

牛久城堡、牛久大佛及 Ami Premium Outlets 是一天遊的最佳組合，可以東京地區作為據點即日往返，又或前往水戶等其他市町繼續茨城縣的旅程。

Tsukuba City
つくば市

筑波山

～3 小時人氣散策遊

聳立於筑波市以北的筑波山，是由西側的男體山和東側的女體山兩座山峰組成，自古以來作為信仰之山被認為是神聖的靈山，是日本百名山之一。在晴朗的日子，從筑波山頂可眺望富士山、太平洋、日光、那須等山脈，景致絕美。山域內的自然資源相當豐富，四季都有不同的花朵盛開，因此深受登山客喜愛。除了可選擇全程步行的多條登山路線之外，也可乘搭登山纜車和空中纜車漫遊神聖的筑波山，所以長年都人山人海，非常熱鬧。

🌐 つくば市觀光情報：https://ttca.jp/
🚌 由「Tsukuba Centre（つくばセンター）」1號巴士站乘搭前往「つつじヶ丘」（關東鐵道）筑波山巴士，於「筑波山神社入口」下車，車程約 36 分鐘，車費 ¥740。
※ 由「秋葉原」駅乘搭「Tsukuba Express（つくばエクスプレス）」，於「つくば」駅下車，車程約 45 分鐘，車費 ¥1,210。

從「つくば」駅前的筑波中心乘搭巴士，於「筑波山神社入口」下車後，穿過大鳥居便可開展散策遊。

由巴士站徒步 5 分鐘，便來到筑波山大御堂，其本尊為千手觀世音菩薩。

繼續散步約 5 分鐘後，來到了筑波山神社的鳥居。

穿過赤紅華麗的御神橋之後，就是擁有3,000年歷史的筑波山神社。

乘坐纜車到筑波山頂駅只須8分鐘，期間可欣賞窗外四季繽紛的花姿和景致，如春天的梅花、櫻花、杜鵑花、初夏的繡球花、秋天的紅葉和冬天的雪景。

筑波山神社是以靈峰筑波山作為御神體祭祀，神靈崇高，參拜者眾。神社是夫妻和睦、結緣、家庭平安的能量點而廣為人知。由於位處山腰，也守護著登山客的平安。

標高800米的筑波山頂駅，位於男體山與女體山之間。此處距離男體山山頂約300米，距離女體山山頂則600米。

山頂駅旁邊的展望台是免費的設施，內裡還有餐廳和小賣店。

從神社旁邊的山路往上走5分鐘，就來到筑波山纜車的宮脇駅（標高305米）。

堪稱「極厚の衝擊」——炸厚切火腿，是使用宇都宮的人氣火腿，熱騰騰，脆卜卜，只售￥300。

雖然天色欠佳，但似乎沒影響登山客前來展望台欣賞風景和拍照留念。

這是山頂駅的全貌，遠處就是標高871米的男體山。

除了展望台的餐廳，山頂駅一帶還有多間茶屋和手信店，確實很熱鬧。

幸福小丸子是筑波山名物，精髓在於特製的合桃味噌醬汁，每串￥350。

因為空中纜車站在女體山，所以朝向女體山方向前進。

途中經過的「GAMA 石」，據說是財運和事業的能量點。

愈接近女體山山頂，山路愈狹窄，需要排隊登山。

各登山客都爭相找個有利位置賞累、拍照，真的危險啊！

📍 筑波山大御堂

- 📍 茨城県つくば市筑波 748
- 📞 +81-29-866-0126
- 🌐 https://tsukubasan-omido.jp/

📍 筑波山神社

- 📍 茨城県つくば市筑波 1 番地
- 📞 +81-029-866-0502
- 🌐 https://www.tsukubasanjinja.jp/

> 我也來拍照留念，欣賞腳下關東平野的全景。

平安抵達筑波山神社女體山御本殿，登山客都不忘祈願。

從山頂驛輕鬆徒步約 20 分鐘，便登上標高 877 米、人山人海的女體山。

從女體山驛乘搭空中纜車，只須 6 分鐘便抵達了標高 542 米的つつじヶ丘驛，結束了筑波山散策之旅。在這裡可乘搭巴士返回「Tsukuba Centre（つくばセンター）」，車程約 50 分鐘，車費 ¥900。

下山了，來到標高 840 米的空中纜車女體山驛。

符さん有感：

自古以來，有「西の富士、東の筑波」之稱。當初我不太明白，標高只有 877 米的筑波山怎可能拿來與標高 3,776 米、象徵日本的富士山相提並論呢？經過親身見證疫下筑波山依舊人氣爆燈的情景，親身體驗到筑波山充滿神聖的魅力，明白了！雖然天色真的很差，但遊歷相當開心，散策遊，很好玩。

📍筑波山空中纜車

- 📍 茨城県つくば市筑波1番地
- 📞 +81-29-866-0945
- 🕘 9:20-16:40；星期六、日及假期 8:40-17:00（季節有異）
- 💲 單程：成人 ¥750，小童 ¥380；來回：成人 ¥1,300，小童 ¥650

📍筑波山纜車

- 📍 茨城県つくば市筑波1番地
- 📞 +81-29-866-0611
- 🕘 9:00-16:40；星期六、日及假期 8:40-17:00（季節有異）
- 🅲 年中無休
- 💲 單程：成人 ¥590，小童 ¥300；來回：成人 ¥1,070，小童 ¥540
- 🌐 https://www.mt-tsukuba.com/

335

日本關東 符さん日・記

作　　者：符さん
設　　計：Liz Hung
出　　版：朝日文化出版社有限公司
　　　　　GLORY JAPAN PUBLISHING LIMITED
地　　址：香港葵涌和宜合道 109 號長榮工業大廈 6 樓
電　　郵：info@gloryjapan.com.hk
發　　行：泛華發行代理有限公司
地　　址：香港新界將軍澳工業邨駿昌街七號二樓
印　　刷：高科技印刷集團有限公司
國際書號：978-988-76410-1-8
版　　次：2023 年 1 月（初版）
定　　價：港幣 $118

香港出版　Published & Printed in Hong Kong